Joscha Remus

111 Orte in Transsilvanien, die man gesehen haben muss

111

emons:

Bibliografische Information der Deutschen Nationalbibliothek
Die Deutsche Nationalbibliothek verzeichnet diese Publikation in der Deutschen Nationalbibliografie; detaillierte bibliografische Daten sind im Internet über http://dnb.d-nb.de abrufbar.

MIX
Papier | Fördert gute Waldnutzung
FSC® C083411

Lektorat:Jens Dreisbach
Gestaltung: Eva Kraskes, nach einem
Konzept von Lübbeke | Naumann | Thoben
Kartografie: altancicek.design, www.altancicek.de
Kartenbasisinformationen aus Openstreetmap,

Druck und Bindung: CPI – Clausen & Bosse, Leck
Printed in Germany 2024
ISBN 978-3-7408-0856-3

Vorwort

Wer an den Karpatenbogen nach Transsilvanien reist, kommt aus dem Staunen kaum heraus. Dort, wo vor 200 Millionen Jahren ein Urmeer toste, finden sich heute bizarre Felsen, atemberaubende Wasserfälle, wilde Schluchten, mehr als 10.000 Höhlen, Smaragdseen, Urwälder und Mammutbäume. Siebenbürgen, wie die Region auf Deutsch heißt, ist ein Land des Zaubers und der unerwarteten Wunder.

Wer hätte gedacht, dass es im Land »jenseits der Wälder« Wasserbüffelreiterinnen, Zunderschwammschnitzer und Alphornbläserinnen gibt? Wer hätte vermutet, traumhafte Vulkankrater und Basaltorgeln zu finden? Transsilvanien ist immer für eine Überraschung gut.

An manchen Orten, die ich für dieses Buch entdeckt habe, gleicht der Aufenthalt einer Zeitreise. Denn Transsilvanien hat Dinge zu bieten, die im übrigen Europa kaum mehr zu finden sind. Im Landesteil Kalotaszeg zum Beispiel, von dem selbst viele Bewohner Siebenbürgens noch nichts gehört haben, finden sich uralte Bräuche und Handwerkskünste. Vor Farben überbordende Mitgiftzimmer, in denen die Frauen seit Generationen alles selbst gewebt, geklöppelt oder gesponnen haben. Und nirgendwo in Europa ist die Chance größer, Wölfe, Luchse und Bären in freier Wildnis zu sehen, als in Transsilvanien.

Siebenbürgen ist kein Land für Instant-Touristen. Eile ist nicht geboten. Der eigentliche Reichtum des Landes ist in abgelegenen ländlichen Gebieten noch zu finden. Das Wertvollste im Leben überhaupt: Zeit. Deshalb verzichten einige Gemeinden bewusst auf die Asphaltierung ihrer Wege. Bleifüße sind weder in Cund noch in Măgura, Micloșvar oder Cobor willkommen. Genießen Sie also die Ruhe der Feldwege, die seltensten Schmetterlinge der Welt, fast ausgestorbene Steppenrinder, den Karpatensafran, die einzigartigen Steppenpfingstrosen oder endlose Sonnenblumenfelder. Oder den Zauber Abertausender Narzissen, deren strahlendes Weiß im Frühjahr mit den schneebedeckten Bergen wetteifert.

111 Orte

1___ Die Augenhöhle
Das geologische Mysterium der Tatárlik-Grotte | 10

2___ Das Ballgässchen
Schlüsselloch in die Vergangenheit | 12

3___ Die Basaltsäulen von Racoș
Die Orgelpfeifen der Geologie | 14

4___ Baumstriezel aus Wolkendorf
Goldbraune Köstlichkeit vom Fuße der Karpaten | 16

5___ Beliș
Die versunkene Kirche und der Umzug der Toten | 18

6___ Bio-Moșna
Die Öko-Pioniere von Meschen | 20

7___ Das blaue Haus von Șona
Ambulanz für Denkmäler | 22

8___ Der Botanische Garten in Jibou
Das Hobby des Biologielehrers | 24

9___ Der Büchertempel in Târgu Mureș
Die Bibliothek Teleki-Bolyai | 26

10___ Das Büffelmuseum
Das Konzert der Glockenspiele | 28

11___ Die Büffelreiterin von Daneș
Wasserbüffel im Seelengarten | 30

12___ Das Burzental
Wölfe, Bären und Enzian | 32

13___ Casa Calfelor
Die Herberge der Wandergesellen | 34

14___ Dealul cu Melci
Das urzeitliche Riff der Meeresschnecken | 36

15___ Das Dorf der Störche
Familie Adebar geht online | 38

16___ Das Dorf Rimetea
Der Ort, wo die Sonne zweimal aufgeht | 40

17___ Die Eichen von Mercheașa
Die ältesten Bäume Rumäniens | 42

18___ Das Eiermuseum
Der Triumph der Fruchtbarkeit | 44

19 Die Eishöhle von Scărișoara
Der größte unterirdische Gletscher des Landes | 46

20 Equus Silvania
Das Glück auf dem Rücken der Pferde | 48

21 Die Eselfarm in Cund
Entschleunigung mit Langohren | 50

22 Die farbigen Gassen von Schäßburg
Knallbunt und zu dick aufgetragen | 52

23 Die Felsenburg in Hunedoara
Ein Gigant mit dunkler Vergangenheit | 54

24 Der ferne Klang
Tulnic – das archaische Smartphone | 56

25 Die Fotografien von Șona
Vom Gedächtnis zum Vermächtnis | 58

26 Die Fresken von Malmkrog
Der schönste Himmel weit und breit | 60

27 Der Garten der Drachen
Geologische Wunderwelt vom Meeresgrund | 62

28 Der geheime Gang in Bran
Dracula – der unsterbliche Mythos | 64

29 Der Geigenbauer von Reghin
Die Meisterstücke von Claudiu Mare | 66

30 Im Geisterwald von Hoia Baciu
Die weinenden Bäume bei Cluj-Napoca | 68

31 Die Glasbläser von Mediasch
Luftkunst für Fortgeschrittene | 70

32 Die glückliche Mühle von Ohaba
Und sie dreht sich doch | 72

33 Die Häuser auf Schienen
Die bewegte Vergangenheit einer Allee | 74

34 Der historische Weinkeller
Überraschungen im Boutique-Hotel Le Baron | 76

35 Die Holzkirche von Racâș
Frühneuzeitliche Solarbeleuchtung | 78

36 Der japanische Garten in Klausenburg
Reise vom Profanen zum Sakralen | 80

37 Der Kachelmacher von Michelsberg
Wege zur Seele Siebenbürgens | 82

38 Das Kalenderschloss
Goldige Art, einer Zarentochter den Hof zu machen | 84

39___ Die Kapitolinische Wölfin
Römische Geschenke | 86

40___ Der Karpatensafran
Zwillingsschwestern, die sich nie begegnen | 88

41___ Die Käsemanufaktur
Talent trifft Leidenschaft | 90

42___ Der Keramiker von Saschiz
Die Sgraffito-Technik des Marinel Györfi | 92

43___ Die Kirchenburg in Großkopisch
Erhalt und Bewahrung des Erbes | 94

44___ Die Kirchenburg in Viscri
Zeitreise mit dem Detektiv der Restauratoren | 96

45___ Der Kirschgarten der Hoffnung
Gedenken an das jüdische Leben in Kronstadt | 98

46___ Das königliche Gästehaus
Der Luxus der samtgepolsterten Zarge | 100

47___ Kosmetik für die Seele
Ralucas Kräutergarten in Zalánpatak | 102

48___ Der Krater von Racoș
Der ruhigste Vulkan Rumäniens | 104

49___ Der Kulturpalast in Târgu Mureș
Schamanen und Storyteller | 106

50___ Die Kupfermine Roșia Poieni
Die tiefe Wunde am offenen Herzen der Natur | 108

51___ Lacul Roșu
Der durch ein Erdbeben entstandene Bergsee | 110

52___ Leinwände und gewebte Geschichten
Der ganze Stolz von Mândra | 112

53___ Der Lichtmagier
Erkenntnisse im Funkenregen | 114

54___ Der Löffelmacher von Sighișoara
Geschichten, die das Holz erzählt | 116

55___ Die Lügenbrücke
Das Wahrzeichen von Hermannstadt | 118

56___ Măgura
Das Juwel am Rand des Königstein-Gebirges | 120

57___ Das Mitgiftzimmer in Mera
Phantasievolle Ausstattung in der Region Kalotaszeg | 122

58___ Die Mocanița von Sovata
Die alte Salz-Dampflokomotive | 124

59 Das Narzissenfeld im Harbachtal
Von der Sonne wach geküsste Frühlingsboten | 126

60 Das Naturwunder von Bonțida
Im Land der trickreichen Schmetterlinge | 128

61 Die orientalischen Teppiche in Kronstadt
Anatolische Kostbarkeiten in der Schwarzen Kirche | 130

62 Der Ozean aus Sonnenblumen
Baden im Blütenmeer von Johannisdorf | 132

63 Das Pferdesalzkarussell
Tierische Sklavenarbeit unter Tage | 134

64 Das Pharmaziemuseum
Hahnemann, Krebsaugen und Mumienpulver | 136

65 Der Pusztabrunnen
Das Zweistromland lässt grüßen | 138

66 Der Răchițele-Wasserfall
Die Glückstränen eines Brautpaars | 140

67 Der Raumfahrtpionier
Hermann Oberth, der Vater der Raketen | 142

68 Raven's Nest
Das verborgene Dorf | 144

69 Der Rhododendron am Vârful Ciucaș
Rosa Pracht am schönsten Berg der Karpaten | 146

70 Die Romapaläste von Huedin
Architektur des faszinierenden Unbehagens | 148

71 Roșia Montană
Europas größte Goldmine | 150

72 Die rote Schlucht
Heimat der Flugsaurier | 152

73 Das Sakristeischloss in Birthälm
Wo Technik zur Kunst wird | 154

74 Der Salzcanyon
Das weiße Wunder von Praid | 156

75 Sarmizegetusa Regia
Die Hauptstadt der Daker | 158

76 Das Schloss Bánffy
Barock trifft Electro-Dance und Backsteine | 160

77 Die Schlossburg Bethlen
Elefantenohrbäume, Bananenstauden und Werwölfe | 162

78 Die Schlucht von Zărnești
Mauerläufer, Wasseramseln und Königsteinnelken | 164

79___ Die Schülertreppe von Schäßburg
Ein guter Wegbegleiter | 166

80___ Der Sieben-Leiter-Canyon
Nervenkitzel in einer prähistorischen Schlucht | 168

81___ Der Silberschmied
7.000 Schläge bis zum Glück | 170

82___ Der Șipote-Wasserfall
Erfindungsreiche Erfrischung | 172

83___ Sisi von Halmagen
Gedenken an die geliebte Kaiserin | 174

84___ Der Smaragdsee
Der Liebling der Filmemacher | 176

85___ Die Smartphone-Fresken
Der mahnende Feiertagschristus in Boschen | 178

86___ Die Steppenpfingstrosen
Eine Geschichte der blutigen Tränen | 180

87___ Die Steppenrinder
Besuch auf der Biodiversity-Farm Cobor | 182

88___ Die Straßenhändler von Brateiu
Glänzende Dächer, Töpfe und Geschäfte | 184

89___ Das Strohhutmuseum
Ort der gigantischen Schattenspender | 186

90___ Die Szeklertore in Sóvárad
Augenbrauenkunst und leere Taubennester | 188

91___ Die technische Wunderkammer
Der Tanz der kinetischen Objekte | 190

92___ Die Tempelhöhle von Şinca Veche
Die fallende Kuh und die Kultstätte | 192

93___ The Box
Das Wunder der luftreinigenden Farbe | 194

94___ Die Tiroliana
Zipline am Cheile Turzei | 196

95___ Die Uhr im Stundturm
Schäßburgs pünktliche Holzfiguren | 198

96___ Die Vârghiş-Schlucht
Das Ziel des Rattenfängers von Hameln | 200

97___ Die Via Transilvanica
Der Pilgerpfad durch die Karpaten | 202

98___ Die Villa Hermani
Die schönste Terrasse der Karpaten | 204

99 ___ Viștea
Die Poesie der Steine | 206

100 ___ Voltigieren in Köröspatak
Ein erfolgreiches Sozialprojekt für Romakinder | 208

101 ___ Der Vulkansee
Von den Tränen des Himmels gefüllter Krater | 210

102 ___ Der Wald-Altar
Felsenkultstätte bei Râșnov | 212

103 ___ Das Waldschloss Varjúvár
Ein verstecktes architektonisches Juwel | 214

104 ___ Das Wasserkraftwerk
Reise zum Anfang der Elektrifizierung | 216

105 ___ Die Wassermühle von Bologa
Die wohl schönste Waschmaschine der Welt | 218

106 ___ Der Wegweiser nach Luxemburg
Richtungsweisende Verbundenheit | 220

107 ___ Der Wellness-Keller
Überraschung im Schloss Daniel in Tălișoara | 222

108 ___ Die Wildhütte des Valea Verde
Paradies inmitten von wilden Narzissen und Orchideen | 224

109 ___ Die Windmühlen im ASTRA-Museum
Wo auch Transsilvanien am Rad dreht | 226

110 ___ Der Zunderschwammschnitzer
Die Kunst, Pilze in Handtaschen zu verwandeln | 228

111 ___ Der Zwillings-Mammutbaum
Ein doppelter Gigant im Apuseni-Gebirge | 230

1 Die Augenhöhle

Das geologische Mysterium der Tatárlik-Grotte

Wer die wahren Schatzkammern Transsilvaniens finden möchte, sollte steile Anstiege und abenteuerliche Flussüberquerungen nicht scheuen. Lange Zeit war die Vârghiş-Schlucht für Touristen kaum zugänglich. Allein wagemutige Forscher erkundeten an den fast senkrechten Felswänden bereits vor über hundert Jahren die spektakulären Höhlenöffnungen. Die berühmteste von ihnen, die gut erreichbare Almascher Höhle, ist als sagenhafte Höhle des Rattenfängers von Hameln längst zu einem Besuchermagneten geworden.

Gleich gegenüber aber versteckt sich in 35 Metern Höhe, auf dem Kamm eines Felsrückens, der sich steil über dem Vârghiş-Bach erhebt, ein noch größeres geologisches Wunder. Ein seltenes Naturspektakel, das allerdings ohne Fremdenführer kaum zu finden ist.

Wo im zuvor weiten Tal die steil aufragenden Felswände enger zusammenrücken, befindet sich knapp über einer Holzbrücke eine dunkle Grotte, die Pferdestall-Höhle genannt wird. Sie diente einst als Stellplatz für Reit- oder Zugpferde. Kurz davor führt ein unmarkierter Pfad rechts steil hinauf zu einem Plateau mit zwei tunnelartigen Höhlen. Diese als Tatarenhöhle (ungarisch Tatárlik-Balang) bezeichnete spektakuläre Felsformation ist von unten nicht einsehbar. Es erfordert einiges an Kletterkünsten, um das versteckte Plateau zu erreichen. Unweigerlich muss man beim Anblick der tunnelartigen Doppelhöhle, die während der Tatareninvasion ein Zufluchts- und Verteidigungsort einer Familie namens Ugron war, an einen Schädel mit zwei Augenhöhlen denken. Eine solche vom Wasser und der Erosion geschaffene Kuriosität ist in Europa wohl einmalig.

Vom Plateau der Tatárlik-Höhle aus sind es nur einige Schritte hinüber zur felsigen Abbruchkante des Csala-Turms, der neben einer grandiosen Panoramasicht über die Schlucht auch einen imposanten Einblick in die Rattenfänger-Höhle in der gegenüberliegenden Felswand bietet.

Anfahrt Vârghiş / Vargyas (527180) liegt im Kreis Covasna an der DJ 131. Aus dem Ort Vârghiş zweigt ein Forstweg ab, der nach rund 15 Kilometern zu einem Parkplatz an der Vârghiş-Klamm führt. | Tipp Führungen durch die Vârghiş-Schlucht werden organisiert von den Unterkünften der Graf Kálnoky Gästehäuser (deutschsprachig), Buchungen und Unterkünfte unter reservations@transylvaniancastle.com.

2 Das Ballgässchen

Schlüsselloch in die Vergangenheit

Einige der engen mittelalterlichen Gässlein sind in den großen Städten am Karpatenbogen im Laufe der Jahrhunderte verschwunden. Sie mussten Bauvorhaben oder breiteren Wegen weichen. Auch in Hermannstadt gab es einst zahlreiche kleine Gassen. Die waren nicht immer pittoresk und ansehnlich. Es gab durchaus abgelegene, finstere Gässchen, deren Namen heute vergessen sind oder einem sogar Schauer über den Rücken jagen können. So wie jene Winter- und Leichengasse oder die Kleine Zwerg-Gasse, in deren Nähe die Seifensiedereien und Kürschnereien der Stadt einen unvorteilhaften Geruch verströmten.

Doch auch in den zentralen Gassen versank man im Mittelalter bei Starkregen mitunter in tiefem Morast. 1740 beschloss der Magistrat von Hermannstadt, es solle jeder Wagen, der in die Stadt komme, am Stadttor zwei bis drei Pflastersteine abliefern. Nur wenige Gassen waren damals so gepflastert wie die heutige Schullergasse. Im 18. Jahrhundert wurde sie noch »Auf dem Stübchen« genannt und war bereits mit unbehauenen Steinen, den sogenannten Katzenköpfen, gepflastert.

Beim heutigen Gang durch Sibiu muss man nach solchen kleinen Gässlein aktiv Ausschau halten, da sie nicht hinter jeder Ecke zu finden sind. Zu den schönsten Gassen Siebenbürgens zählt das Ballgässchen, ein sehr hübscher Durchgang, der einem die Wegstrecke zwischen der Strada Alexandru Dimitrie Xenopol (frühere Brukenthalgasse) und der Strada Mitropoliei (frühere Fleischergasse) verkürzt. Die einst in Gelb erstrahlende Gasse erscheint seit 2023 in schimmerndem Weiß, samt schön installierter historischer Laterne. Dort, wo sie in die Strada Mitropoliei mündet, stand früher das Haus von Sebastian Hann, einem der bekanntesten Goldschmiedemeister der Stadt. Heute befindet sich in der Hausnummer 13 die Casa cu Cariatide. Ein leider oft übersehenes Juwel mit zwei balkonstützenden Jungfrauen, sogenannten Karyatiden.

Adresse Sibiu 550179; Durchgang zwischen der Strada Alexandru Dimitrie Xenopol, der deutschen Brukenthalgasse, und der Strada Mitropoliei (Fleischergasse) | Tipp Gleich um die Ecke im Palais des Brukenthal-Museums finden sich in der Pinakothek Gemälde von Cranach bis Tizian (Piața Mare 4–5).

3 Die Basaltsäulen von Racoș

Die Orgelpfeifen der Geologie

Kaum zu glauben, wozu die Natur fähig ist. Eigentlich kann das geologische Kunstwerk, das unweit des Vulkankraters von Racoș zu sehen ist, doch nur ein mächtiger Bildhauer geschaffen haben. Doch die unglaublichen Basaltsäulen, die im Osten Transsilvaniens Touristen wie Vulkanologen gleichermaßen in Staunen versetzen, sind tatsächlich das Werk von vulkanischer Lava und Druck.

Die scharfen Kanten der bis zu acht Meter hohen Säulen, die hier zu sehen sind und von poetisch inspirierten Wissenschaftlern gern als »Lavavorhang« oder »Lavaorgeln« bezeichnet werden, sind so exakt gearbeitet, wie es eigentlich nur Präzisions-Schneidemaschinen können. Perfekte Hexagon-Säulen sind das. Sechseckige Wunderwerke, die vor eineinhalb Millionen Jahren entstanden sind.

Die Säulen erzählen die Geschichte eines Naturschauspiels, in dem es um das Erhitzen, Abkühlen und Gefrieren von Lavaströmen geht. Eine sechseckige Form, in die sich die Lava ergoss, hat es nicht gegeben, sondern alles, was zu sehen ist, entstand, als der vulkanische Basalt abkühlte und schrumpfte. Dabei nahm der Druck derartig zu, dass sich Risse bildeten. Naturgesetze, die selbst Vulkanologen kaum erklären können, sorgten für eine exakte Rissbildung in diesen sechseckigen Winkeln. Die Lava floss dort hinein und fügte sich der vorgegebenen Form, kühlte ab, härtete aus – und fertig war das steinerne Wunder. Im Norden Irlands gibt es identische Werke des Vulkanismus, den 60 Millionen Jahre alten Giant's Causeway beispielsweise, der aus über 40.000 dieser sechseckigen Säulen geformt ist.

Für die vergleichsweise jungen transsilvanischen Basaltsäulen verspricht dieses hohe Alter Beständigkeit. Neben der einmaligen Schönheit für die UNESCO sicherlich ein gutes Argument, dieses Wunder, samt Vulkankrater und Smaragdsee, zukünftig zu einem »Global Geopark« zu erklären.

Anfahrt Im Nordosten des Kreises Brașov (an der Bahnstrecke Teiuș–Brașov) liegt der Ort Racoș (507175), etwa 20 Kilometer östlich der Kleinstadt Rupea, an der Kreisstraße (Drum județean) 131C. Von Racoș aus ist der Nationalpark samt Basaltsäulen fünf Kilometer entfernt und gut ausgeschildert. | Tipp Die Schlossburg Castelul Sükösd Bethlen in Racoș in der Strada Bethlen 1 ist einen Besuch wert.

4 Baumstriezel aus Wolkendorf

Goldbraune Köstlichkeit vom Fuße der Karpaten

Wenn Pfarrer Uwe Seidner mit Besuchern und Freunden im schattigen Innenhof seines Gästehauses in Wolkendorf sitzt, kommt nach einem delikaten Mahl meist auch eine ganz besondere siebenbürgische Köstlichkeit auf den Tisch. Gleich nebenan wird in der kleinen Pfarr-Bäckerei frischer Baumstriezel gebacken. Ein röhrenförmiges Gebäck, das früher vor allem zu Hochzeiten oder Taufen serviert wurde, heute aber durchaus Teil des täglichen Lebens der feierfreudigen Siebenbürger Sachsen geworden ist.

Wie in der guten alten Zeit, als die Zubereitung als Gemeinschaftsarbeit der Frauen eines Dorfs angesehen wurde, kümmert sich Frau Muntean in der Backstube um das Feuer und die offene Holzkohlenglut, während Vasilica Fulea einen besonders feinen Germteig aus Weizenmehl Eiern, Butter und Zucker geschickt um den sogenannten Baumstamm legt. So wird ein Rundholz genannt, das zuvor erwärmt und mit Butter bestrichen wurde. Vor dem Backen wird der Teig in Kristallzucker gewälzt, damit der Baumstriezel während des Backens schön karamellisiert und eine glänzende, knusprige Schicht erhält.

Das Geheimnis der Herstellung liegt in der richtigen Hitze der Feuerstelle und im geschickten Rotieren des Rundholzes. Ist die Temperatur hoch genug, aber nicht zu heiß, wird der Striezel schön aromatisch und als typisch goldbraune Schönheit vom Rundholz geklopft. Warum der Striezel auch Schornsteinkuchen heißt, wird man sofort verstehen, wenn die dampfenden, duftenden Rohre serviert werden.

Der Ursprung des Rohrkuchens liegt im Burzenland und dem südlichen Szeklerland in Siebenbürgen. Da die Geschichte des Baumstriezels nicht eindeutig zu klären ist, wird er sowohl von den Siebenbürger Sachsen als auch von den Szeklern als Traditionsgebäck reklamiert. Im ungarischen Sprachraum wird er Kürtőskalács genannt, was man mit Hornkuchen übersetzen kann.

Adresse Strada Principală 3, Wolkendorf/Vulcan 507270. Im evangelischen Gästehaus (gleiche Adresse) kann man wunderbar und günstig übernachten. Kontakt: Uwe Seidner, Tel. +40/268256477, pfarramt@kg-wolkendorf.ro | Tipp Wer möchte, kann auch geführte Touren zur Schwarzen Kirche in Brașov oder in die nahen Karpaten buchen.

5 Beliș

Die versunkene Kirche und der Umzug der Toten

Die Strecke von Huedin nach Câmpeni führt ab einer Höhe von 1.000 Metern recht serpentinenreich und abenteuerlich in die Berge des Apuseni. Im Ort Beliș wird mancher auf der bukolischen Hochebene einfach innehalten und den Motor abstellen. Vielleicht auch ein Picknick am idyllisch zwischen den Bergen gelegenen Stausee einlegen oder an einer der zahlreichen Quellen sein Frischwasser auffüllen.

Fernab von jeder größeren Metropole ist zuerst einmal nichts als Stille zu genießen. Kuhglocken und sonntags auch das bedächtige Läuten der Kirchenglocken. Kaum etwas lässt erahnen, dass die aus sechs verstreuten Dörfern bestehende Gemeinde Beliș ein Ort der Zerstörung und der Erholung gleichermaßen ist.

Die hübsche, mittlerweile mit einem wetterfesten Zinkdach geschützte und den heiligen Erzengeln Michael und Gabriel gewidmete Holzkirche stand nicht immer so fotogen am Hügel. Zwischen 1970 und 1974 ließ Diktator Nicolae Ceaușescu für die Stromgewinnung hier ein ganzes Tal fluten. Heute gilt der Beliș-Fântânele-Stausee als beliebtes Ausflugsziel. Doch für diesen künstlichen See ist ein Dorf geflutet worden. Um die im See versunkene Kirche, die verschiedenen Sagen nach wahlweise von Hirten, Heiligen oder einem ungarischen Magnaten erbaut wurde, ranken sich viele Legenden. Denn in Zeiten der Trockenheit ragt sie immer mal wieder aus dem See.

Die in die höher gelegenen Bergdörfer verlegten Bewohner raunen sich zu, dass einige Fresken unter Wasser nun noch mehr erstrahlen und sich der Zersetzung verweigern würden. Auch die Toten, die man aus ihren Gräbern im Tal nach oben in die Berge verlegt hat, würden sich bemerkbar machen, da man ihre Totenruhe gestört habe. Wer möchte, kann sich auf organisierten Tauchgängen die unterirdischen Fresken im See und die Überreste der Kirche anschauen und so die überlieferten Sagen und Mythen bestätigen oder belächeln.

Anfahrt Die Gemeinde Beliș (407075) befindet sich 27 Kilometer südlich von Huedin. Man erreicht den Ort über die R1 kommend auf einem Pass-Plateau auf dem Weg nach Câmpeni. | **Tipp** Man kann am See nicht nur an Tauchgängen zur Kirche teilnehmen, sondern auch Kajaks ausleihen. Im Winter sind die umliegenden Berge ein beliebtes Skigebiet.

6 Bio-Moșna

Die Öko-Pioniere von Meschen

Wenn Lavinia Schuster auf ihrer Terrasse oder im Innenhof die Tische für die Gäste deckt, können sich auch die Augen immer tüchtig satt essen. Blütenblätter, liebevoll platzierte Früchte und saisonale Spezialitäten, wie die frische Hagebuttenpaste, bereichern als hübsche Farbtupfer die Käseplatten. Der Duft von frisch getrockneten Rosenblättern, die später zu einem Tee verarbeitet werden, umweht die Küche. Unverkennbar ist ihre Liebe zum Detail überall zu sehen, schmecken und riechen. Die frühere Übersetzerin und ihr Mann Willy gelten heute als Vorreiter der Biolandwirtschaft und des Agrotourismus in Siebenbürgen. Leider verstarb Willy Schuster viel zu jung, und seitdem führt Lavinia Schuster das Projekt in seinem Sinne fort.

Bei ihr fressen die Kühe noch Gänseblümchengras, sagt Lavinia, während sie den Käse für die Gäste mit frischen Kräutern und Gewürzen aus dem Garten verfeinert. Gänseblümchen stehen für den Biolandbau, bei dem die Familie Schuster seit jeher auf chemischen Dünger oder Pestizide verzichtet. Was Lavinia und Willy Schuster in Siebenbürgen im kleinen Dörfchen Moșna aufgebaut haben, würde man heute modern als »Downshifting« bezeichnen. Es ist ein Zurücknehmen, ein Innehalten, ein Besinnen auf das, was im Landbau wie im Leben wirklich zählt: Freundschaften und die Bewahrung der natürlichen Lebensformen.

»Willy fehlt an allen Ecken und Enden«, sagt Lavinia. Glücklicherweise gibt es jedoch genug Freunde und Unterstützer, die der Vorreiter des Ökotourismus mit seinen zahlreichen Vorträgen für die Bewahrung kleinbäuerlichen Wissens gewinnen konnte. Unvergessen ist dem Autor seine herzliche Freude, als Besucher und Freunde sich zum »Transsilvanian Brunch«, einer kulinarisch-kulturellen Veranstaltungsreihe, auf dem Hof in Meschen einfanden und angesichts all der Köstlichkeiten das Wort »Schlaraffenland« die Runde machte.

Adresse Bio-Moșna, Strada Cetății 543, Moșna 557160, Tel. +40/741391444 | Tipp Keinesfalls verpassen sollte man die eindrucksvolle Kirchenburg im Nachbarort Alma Vii / Almen 557161.

7 Das blaue Haus von Şona

Ambulanz für Denkmäler

Im Kindheitsdorf des Malers Ștefan Câlția tut sich Wunderliches. Câlția ist der bedeutendste Vertreter des phantastischen Realismus in Rumänien, und wenn man die Fassaden der Häuser in seinem Dörfchen Şona sieht, könnte man meinen, der magische Realismus würde dort unablässig mit Leben erfüllt. Denn ein Handwerkerkollektiv namens »Ambulanța pentru monumente« (Ambulanz für Denkmäler) restaurierte im Dorf – auf zauberhafte Weise und nach alten Verfahren und Rezepturen – die Hausfassaden.

Am blauen Haus kam eine alte Inschrift, die dort über hundert Jahre unter brüchigem Putz geschlafen hatte, zum Vorschein. Architekt Eugen Vaida und sein Bruder, der kongeniale Restaurator Ștefan Vaida, haben in den alten Putzschichten gelesen wie in einem Buch. Sie lauschen gleichsam auf die Botschaften, die ihnen die historischen Fassaden vermitteln. Sie arbeiten mit der gleichen Sorgfalt, die Handwerker vor Generationen an den Tag gelegt haben, und reparieren und restaurieren mit natürlichen Materialien, mit Stein, Sand, gelöschtem Kalk und Wasser.

Der magische Realismus dieses Teams rettet, schützt und bewahrt die wertvollen Elemente des Dorfs nach alter Manier. Das machen sie nicht nur in Şona, auch andere Dörfer kommen in den Genuss der Denkmal-Ambulanz. Nun wurden also auch im Fogarascher Land, in der Heimat des Malers Ștefan Câlția, dessen künstlerischen Träume und die seines Sohnes Matei handwerklich umgesetzt. Das wunderschöne blaue Haus in Şona ist längst zum Inbegriff und Symbol bester restauratorischer Leistungen geworden. Maler Câlția, dem es immer darum ging, Menschen in einer harmonischen Beziehung zu ihrer Umgebung abzubilden, drückt es so aus: »Das Zuhause ist der Ort, an dem man sich beschützt fühlt, weil man von Gegenständen umgeben ist, aber vor allem ist man in seinem Zuhause von seinen Träumen umgeben.« Und diese Träume leben fort.

Adresse Casa Albastru, Strada Principală 45, Șona 517755 | **Tipp** Am Ende des Dorfs windet sich der Weg, als wollte er nicht mehr befahren werden. Die rätselhaften vulkanähnlichen Kegel, die dort zu sehen sind, geben der Wissenschaft bis heute Rätsel auf.

8 Der Botanische Garten in Jibou

Das Hobby des Biologielehrers

Alles fing mit der Frage an, wie man Schülern die Welt der Botanik auf möglichst angenehme Weise nahebringen könnte. Im sozialistischen Rumänien des Jahres 1959 erschien die Idee, rund um ein 1702 von Baron István Wesselényi und Gräfin Katalin Bánffy erbautes Schloss einen botanischen Garten anzulegen, gelinde gesagt etwas verwegen. Schließlich handelte es sich um den größten Barockpalast in Siebenbürgen. In Ceaușescus Diktatur, in der das Volk hungern musste, um größenwahnsinnige Bauprojekte wie den größten Regierungspalast der Welt zu finanzieren, war ein botanischer Garten schlichtweg ein utopisches Unterfangen.

Also begann der Biologielehrer Vasile Fati gemeinsam mit seinen Schülerinnen und Schülern zuerst einmal damit, die Flächen um den Wesselényi-Palast in einen Zierpark zu verwandeln. Ohne jegliche finanzielle Unterstützung sollte aus dem Ort, der anfangs noch »Schulbotanischer Garten« hieß, bald das Wahrzeichen der Stadt Jibou werden. Um es mit den Worten des Lehrers zu sagen: »Aus Käfern, Schimmel und Schlamm habe ich neue Schönheiten geschaffen.«

Das erste Gewächshaus baute das Lehrerkollegium mit Schaufeln, viel Enthusiasmus und den eigenen Händen. Es wurde anfangs mit einem aus dem Schrott geborgenen Lokomotivkessel beheizt. Im Laufe der Zeit unterstützten Botaniker aus aller Welt das private Projekt. Biologielehrer Vasile Fati wurde in botanische Gärten Europas und Asiens eingeladen. Von jedem dieser Orte kehrt er mit neuen Pflanzen und Samen zurück, die den Ziergarten in Jibou, der sich mittlerweile stolz »Botanischer Garten« nannte, bereicherten. 1973 brachte Fati allein aus Versailles viele Palmensamen und 40 Nadelbaumarten mit.

Mit seinen futuristischen Gewächshauskugeln, die aussehen wie Raumstationen in einem Science-Fiction-Film, zählt der Botanische Garten von Jibou heute zu den eigentümlichsten in ganz Europa.

Adresse Strada Parcului 16, Jibou 455200 | Tipp Ebenfalls in Jibou ist am östlichen Ufer des Flusses Someș das Naturdenkmal der Rona-Kalksteine mit fossilen Überresten von Mollusken, Fischskeletten und Reptilien zu finden.

9 Der Büchertempel in Târgu Mureș

Die Bibliothek Teleki-Bolyai

Wahrscheinlich werden viele Besucher Siebenbürgens, die des Rumänischen oder Ungarischen nicht mächtig sind, gar nicht auf die Idee kommen, eine öffentliche Bücherei zu betreten. Doch es wäre sehr schade, die älteste Bibliothek des Landes nicht aufzusuchen. Für Bücherliebhaber ist sie ein Paradies, mit Schätzen, die niemand hier erwartet hätte. Allein wegen der äußerst seltenen amerikanischen Unabhängigkeitserklärung lohnt die Anreise. Über das Pergament gebeugt, wird man ausgerechnet die Unterschrift von George Washington, dem ersten Präsidenten der Vereinigten Staaten, vergebens suchen. Er sei zur Zeit der Unterzeichnung als General gerade in einer Schlacht gewesen, erfährt man von der Bibliothekarin.

Wer das prachtvolle Barockgebäude betritt, glaubt sich in einem sakralen Gebäude. Unter den reich verzierten Deckengemälden und Emporen liegen einige der schönsten Ausgaben unter Glas. Darunter von Dürer, Rubens, Hans Holbein und Lucas Cranach illustrierte Originale, Inkunabeln und Unikate. Man staunt über einmalige Karten, wie die aus dem Jahr 1532 stammende erste Landkarte Transsilvaniens, ein Holzschnittdruck von Johannes Honterus. Prachtausgaben von Paracelsus liegen neben auf Lateinisch verfassten Büchern von Hippokrates und prächtigen handgemalten Atlanten.

Das Schönste: Diese Bücher sind allesamt kostenlos einsehbar. Es war der Wille des Gründers Sámuel Teleki, die kostbare Sammlung allen Menschen zugänglich zu machen. Die heute über 120.000 Werke umfassende Bibliothek begann zwischen 1759 und 1763 mit neun Bücherkisten, 26 Zentner schwer, die der Gelehrte Teleki auf seinen Studienreisen durch die Schweiz, die Niederlande und Frankreich schleppte und so mit dem Sammeln kostbarer Werke begann. Zeitweise wurde die Sammlung aus Kriegsgründen nach Wien verlegt, kam aber im April 1797, erneut wegen eines Kriegs, nach Târgu Mureș.

Adresse Biblioteca Teleki-Bolyai, Strada Bolyai 17, Târgu Mureș 540067 | Tipp Einen prachtvollen Spiegelsaal, Jugendstilfresken und einen wunderschönen Konzertsaal findet man im Kulturpalast (Palatul Culturii), Piața Victoriei 1.

10 Das Büffelmuseum

Das Konzert der Glockenspiele

In der Region Kalotaszeg, im märchenhaften Dörfchen Mera, gibt es ein Büffelmuseum, dessen hölzernes Eingangstor allein schon so bemerkenswert ist, dass man ihm in diesem Buch ein Kapitel widmen könnte. Es zählt zu den schönsten Holztoren Transsilvaniens, was Varga Gyorgy, der Betreiber des Museums, nur bestätigen kann.

Die Sammlung, die der ehemalige Schulleiter im alten Gebäude der Dorfschule zusammengestellt hat, ist wohl auch europaweit einzigartig. Im großen ehemaligen Klassenraum versammeln sich nun anstelle der Schülerinnen und Schüler alle nur möglichen Exponate, die mit Büffeln in Verbindung zu bringen sind: Karren, Schlitten, Joche, Geschirre, Gabeln, Rechen, Schalen und Milchkannen füllen den Raum. Es gibt herrliche alte Bücher, Fotos, Dokumente und Karten, in denen es sich zu stöbern lohnt. Wer denkt, er hätte alles gesehen, stößt auf Dreschflegel, Zangen, Melkschemel, Gefäße zum Verarbeiten von Milch sowie Lampen, Laternen und Milchabscheider. Über 1.000 Exponate sollen es sein, die die Nutzung und den Wert von Büffeln erlebbar machen.

Das Herzstück des Museums ist sicherlich die Sammlung von 110 Büffelglocken, die fein säuberlich nach Tonhöhen sortiert an den Balken unter der Decke befestigt sind. »Jede Glocke«, so Varga Gyorgy, »ist einzigartig, sowohl was den Klang als auch was das Aussehen betrifft.« Er lässt ein besonders imposantes Exemplar ertönen, das dem Besitzer über eine Entfernung von fünf Kilometern den Standort seiner Büffel klanglich mitteilen konnte.

»Eine Art altertümliches Navi«, sagt Varga Gyorgy. So konnte kaum ein Büffel verloren gehen, selbst wenn er über die Hügel Reißaus genommen hatte. Auf Wunsch gibt Herr Gyorgy eine kleine musikalische Aufführung, die an eine blecherne Variante indonesischer Gamelan-Orchester erinnern mag. Sicherlich ist an Varga Gyorgy auch ein guter Musiklehrer verloren gegangen.

Adresse Muzeul bivolului, Strada Principală 27, Mera 407057, Tel. +40/727492819. Mera liegt in der Nähe von Cluj-Napoca. Das Büffelmuseum ist in einem ehemaligen Schulgebäude untergebracht, etwa 50 Meter vom Marktplatz von Mera entfernt. | Tipp In der Strada Principală, der Hauptstraße von Mera, und ihren Seitenstraßen finden sich wunderschöne geschnitzte Holztore.

11 Die Büffelreiterin von Daneș

Wasserbüffel im Seelengarten

Das direkt an der großen Hauptstraße liegende Haus von Corina und George Pop im Örtchen Daneș, dem deutschen Dunesdorf, fällt kaum ins Auge. Im Herbst steht ein Schild vor dem großen Holztor, das auf den Verkauf von Kürbissen hinweist. Sonst lässt nur ein Papp-Büffel erahnen, welch erstaunliche Familie hier lebt. Alles fing auf einem Kreuzfahrtschiff namens Paradies in der Karibik an, auf dem die Physiotherapeutin Corina und der Kellner George sich kennenlernten. Nach ihrer Beschäftigung auf dem Schiff und der Geburt ihrer ersten Töchter entschloss sich das Paar, von der Stadt aufs Land zu ziehen und sich völlig neu zu erfinden.

Dass ausgerechnet Wasserbüffel zum glücklichen Leben der Familie gehören, verdankt sich Georges Erinnerung an den leckeren Geschmack der Büffelmilch in Kindertagen in Zalău. Anfangs hatten die beiden überhaupt keine Ahnung, wie man Wasserbüffel hält. Dass brünstige Büffelweibchen männliche Tiere 30 Kilometer weit riechen können, verschaffte dem Paar so manche teure Erfahrung. Büffel, die ausbüxen und wahllos verwüsten, gibt es heute allerdings nicht mehr. Entspannt grast die Herde auf ihrer paradiesischen Wiese. Mittlerweile haben die Pops acht Tiere. Einen von Roma erworbenen Büffel nannten sie Țigănuca, einen zur Weihnachtszeit gekauften Büffel Luminitza, also »Die Leuchtende«.

Sofia, eine der Töchter, sang Weihnachtslieder, um sich von dem Erlös ein Pferd und fünf Ziegen zu kaufen. Bereits mit sieben Jahren fing sie an, Wasserbüffel zu reiten. Auch Irina, Parascheva, Maria, Andreea und Ioan tun es ihr gleich. Friedlich zieht die Büffel-Karawane samt Kindern von der Weide zur Melkstation. Die wilden, durchaus gefährlichen Tiere haben die Kinder längst ins Herz geschlossen und beschützen sie. Wer möchte, kann bei Familie Pop Büffelkäse und Milch erwerben, im Sommer auch Vanilleeis aus Büffelmilch.

Adresse Corina und George Pop, Strada Principală 276, Daneș 547200, Tel. +40/749987739 | **Tipp** Die Restaurant-Pension »Domeniul Dracula« in Daneș bietet neben ausgezeichneten siebenbürgischen Gerichten auch Ausritte auf Pferden an (Strada Principală 804).

12 Das Burzental

Wölfe, Bären und Enzian

Den Ort, an dem die Zeit stillzustehen scheint, erreicht man wandernd oder aber ganz bequem mit dem Pferdewagen, der rumänischen Căruță. Das Burzental gehört zu den einmaligen Landschaften, in deren Wäldern große Rudel von Wölfen, Braunbären, Karpatenhirschen und Luchsen zu finden sind. Der Biologe Hermann Kurmes zählt weitere Tiere auf, die meist vergessen werden. Denn Rehe, Wildkatzen, Füchse, Wiesel und Marder zählen auch zum hiesigen Ensemble der Wildtiere. Er verweist auch auf die Biber, die in den letzten Jahren entlang des Flusses Burzen wieder vermehrt zu sehen sind.

Hermann ist ein erfahrener Fährtenleser und wird bald fündig. Er hat die Losung eines Wolfs entdeckt und hält ein kleines Büschel Haare in der Hand. Haare sind für Wölfe nicht verdaubar, und Hermann vermutet, dass der Wolf hier kürzlich ein Schaf gerissen hat. Der begnadete Naturführer verrät uns, wo man scheue Wölfe oder Bären zu Gesicht bekommen kann. Über Blumenwiesen geht es hinauf zur Einsiedelei Colțul Chiliilor. Im Mittelalter hat die Bevölkerung von Zărnești dort oben Zuflucht vor angreifenden Tartaren und Türken gesucht. Eine in die Felsen gehauene Kapelle stammt aus dieser Zeit. Es wird Tee aus selbst gepflückten Wildkräutern gereicht. Hermann erfährt, ein Bär sei am Tag zuvor gesichtet worden, und entdeckt bald darauf abgebrochene Äste an einem Weichselbaum. Die Spuren an der Baumrinde lassen darauf schließen, dass es mehrere Bären gewesen sein müssen, die dort hinauf in die Krone flüchteten. Bärenmütter treiben ihre Jungen nämlich gern den Stamm hinauf, wenn sich ein brünstiger Bär nähert, der für die Jungtiere durchaus eine Gefahr bedeuten kann.

Auf dem Anstieg zum 2.018 Meter hohen Padina Popii setzt dann im Sommer der Blütenzauber von Trollblumen, Orchideen, Enzianen und Karpatenglockenblumen dem Naturerlebnis im Burzental die olfaktorische Krone auf.

Anfahrt Das Burzental im Burzenland (rumänisch Țara Bârsei) erreicht man von Măgura oder Zârnești aus zu Fuß in zwei Stunden. Geführte Wanderungen: cntours.eu | Tipp Die vermeintliche Dracula-Burg Bran ist ebenfalls im Burzenland zu finden (Strada General Traian Moșoiu 24, Bran 507025).

13 Casa Calfelor

Die Herberge der Wandergesellen

Wenn man in Hermannstadt jemanden mit einem breitkrempigen schwarzen Hut, Schlaghose, Weste und weißem Hemd durch die Straßen gehen sieht, handelt es sich mit Sicherheit um einen Wandergesellen. Weltweit gibt es nur noch 700 bis 800 Gesellen, darunter inzwischen auch Wandergesellinnen. In Hermannstadt ist die Wahrscheinlichkeit allerdings besonders groß, einem Wanderhandwerker in seiner Kluft über den Weg zu laufen, weil es dort mit dem Casa Calfelor am Huetplatz eine der europaweit seltenen Gesellenherbergen gibt. Das Haus im historischen Treppenturm ist die erste Herberge für Wandergesellen außerhalb der Grenzen Deutschlands, der Schweiz oder Frankreichs und somit auch das einzige Haus seiner Art in Osteuropa.

Der aus dem 13. Jahrhundert stammende Turm ist Teil des ersten Befestigungsgürtels von Hermannstadt und gilt als das älteste Gebäude des Ortes. Er wurde im 16. Jahrhundert auf den alten Fundamenten als Tor zwischen der Unterstadt und dem Huetplatz wiederaufgebaut. Gleich neben dem Treppenturm und dem heutigen Casa Calfelor befand sich früher die sogenannte Sühneecke. All diejenigen, die gegen die Gesetze der städtischen Gemeinschaft verstoßen hatten, mussten sich an dieser Stelle dem Hohn und Gespött der Hermannstädter aussetzen. Beim heutigen, mit Nägeln und Eisen gespickten Holzpfahl vor dem Gesellenhaus handelt es sich allerdings nicht um einen ehemaligen Schandpfahl, sondern um den sogenannten Stock-im-Eisen oder Nagelbaum. Bereits der Wandergeselle Albrecht Dürer hat solche Nagelbäume gekannt und gezeichnet, in die Wanderburschen auf der Walz beim Abschied ihre selbst geschmiedeten Nägel schlagen mussten. Nägel waren im Mittelalter ein sehr kostbares Gut und wurden bereits vor der Zeit der Wandergesellen als Dank für eine Heilung oder als Schutzsymbol in Bäume oder Felsen geschlagen, um für Glück auf dem weiteren Weg zu sorgen.

Adresse Huetplatz 3, Sibiu 550182. Eine Gelegenheit, die Gesellen in Aktion zu sehen, ist das mittelalterliche Festival, das jedes Jahr im Spätsommer stattfindet. | Tipp Ebenfalls am Huetplatz steht das höchste Gebäude Siebenbürgens, die Stadtpfarrkirche mit ihrem markanten Fünfknopfturm.

14 Dealul cu Melci

Das urzeitliche Riff der Meeresschnecken

Vor 250 Millionen Jahren, als der Urkontinent Pangaea auseinanderbrach, bildete sich zwischen Afrika und Europa das große Urmeer Tethys. Während 180 Millionen Jahre später den Dinosauriern der Himmel auf den Kopf fiel, gab es in diesem warmen Urozean lange vorher ein weitaus größeres Massensterben.

95 Prozent aller Meeresbewohner starben zu Beginn der Trias aus. Im Herzen des Apuseni-Gebirges sind heute noch die fossilen Riffe und massenhaft Überreste der urzeitlichen Meeresbewohner zu sehen. In Vidra, einer Gemeinde mit 1.700 Einwohnern im Landkreis Alba, weist ein Hinweisschild den Weg zu einem phantastischen Ort, dem sogenannten Schneckenberg im Naturschutzgebiet »Dealul cu Melci«. Dicht an dicht drängen sich im Fels die fossilen Meeresschnecken, die einst millionenfach auf den Riffen der urzeitlichen Brandung trotzten. *Trochactaeon* heißt die ausgestorbene Gattung mariner Gastropoden, die in einer erstaunlichen Fülle zu sehen sind. Die urzeitlichen Meeresschnecken aus der Familie der *Acteonellidae* waren Forschern bereits aus dem Dachsteingebiet in den Alpen bekannt. Doch das wesentlich eindrücklichere und vielfältigere urzeitliche Riff findet sich in den siebenbürgischen Westkarpaten. Es gehört mittlerweile zu den reichhaltigsten Fossilienfundstellen in Europa. Über 35 verschiedene Molluskenarten wurden bislang auf dem 6.000 Quadratmeter großen geologischen Schutzgebiet gefunden.

Wie spiralige weiße Kiesel ragen die Querschnitte fossiler Schneckenhäuser aus dem Gestein. Im dichten Wirrwarr des urzeitlichen Naturkunstwerks finden sich in den Mergelschichten bei genauerer Betrachtung aber nicht nur Meeresschnecken, sondern auch versteinerte Muscheln. So die längliche *Modiolus* aus der Familie der Miesmuscheln. Allesamt sind sie Riffbewohner vom tiefen Meeresgrund, der vor Millionen von Jahren nach oben gedrückt wurde und sich in Schneckenberge verwandelte.

Anfahrt Am Ausgang der Ortschaft Vidra (077186) überquert man einen Gebirgsbach. Danach sieht man schon das Hinweisschild auf den »Dealul cu Melci«, den Hügel aus versteinerten Schnecken, der zu Fuß gut zu erreichen ist. | Tipp Auf der anderen Straßenseite des Schneckenhügels erreicht man nach einem kurzen Spaziergang den 18 Meter hohen Vidra-Wasserfall.

15 Das Dorf der Störche

Familie Adebar geht online

Die Hochspannungsmasten und Schornsteine des zehn Kilometer von der Stadt Târgu Mureș entfernten Dumbrăvioara sind bei Störchen sehr beliebt. Nicht weniger als 15 Nester werden alljährlich im Dorf gezählt, das auf Deutsch Scharnberg und auf Ungarisch Sáromberke heißt. Die große Storchenpopulation ist nicht nur den Einheimischen bekannt, sondern auch Enthusiasten, die die Vögel dank eines gemeinnützigen Vereins bereits seit einigen Jahren online beobachten. Dank der installierten Kameras kann jeder Vogelfreund alljährlich das Schlüpfen der Küken und die Aufzucht der Jungstörche live verfolgen.

Auch die schöne Idee der Storchenhospitäler, in denen verletzte Störche versorgt, ihre Beine geschient oder sogar Prothesen angefertigt werden, wurde wiederbelebt. Das Rehabilitationszentrum für Störche und Greifvögel ist nach dem berühmten Afrikaforscher Graf Sámuel Teleki benannt, der 1845 in Dumbrăvioara geboren wurde. Er leitete zwischen 1886 und 1889 eine Expedition in Ostafrika, wo er einen Vulkan entdeckte, der noch heute seinen Namen trägt. Er versuchte sich zweimal vergeblich an der Besteigung des Kilimandscharo, traf unterwegs den französischen Dichter Arthur Rimbaud und beschrieb rund 100 bis dahin völlig unbekannte Tier- und Pflanzenarten. Sein Name wird heute in Wissenschaftskreisen wiederentdeckt und neben Namen wie David Livingstone und Henry M. Stanley genannt.

Die Störche von Dumbrăvioara fliegen auf ihrer Afrikareise übrigens genau die Route, die einst von Sámuel Teleki in Tansania und Kenia eingeschlagen wurde, und kehren im Frühjahr – als wollten sie dem Forscher Tribut zollen – besonders zahlreich in seinen Geburtsort, das Dörfchen Scharnberg, zurück. Ermittelt wurde die Route der »transsilvanischen Störche« durch einen Satellitensender. Dabei überquerten die Vögel übrigens auch zwei Seen, die Sámuel Teleki einst in Ostafrika entdeckt hatte.

Anfahrt Scharnberg (547217) erreicht man in 15 Fahrminuten über die DN 15 von Târgu Mureș aus in nördlicher Richtung. Webcam der Störche: milvus.ro/webcams/storkcam1 | **Tipp** Sehr sehenswert ist das Schloss der Familie Teleki (rumänisch Castelul Teleki). Kontakt: Kálmán Teleki, Tel. +40/749356134, kalman.teleki@gmail.com.

16 Das Dorf Rimetea

Der Ort, wo die Sonne zweimal aufgeht

Es gibt ein sehr charmantes Dörfchen im Kreis Alba, das von den Rumänen Rimetea genannt wird. Die deutsche Bezeichnung Eisenmarkt verweist ebenso wie der ungarische Ortsname Torockó auf die lange Geschichte des Erzabbaus in den umliegenden Bergen. Denn das aus dem Slawischen stammende Torockó bedeutet Eisenstein. Die siebenbürgischen Sachsen, die hier früher als Bergleute und Hüttenarbeiter lebten, nannten den Ort Traschen. Ihr frisch gebackenes »Eisenbrot«, eine mit einer Axt aus der unbearbeiteten Schmelze geschnittene laibförmige Masse, war Rohmaterial für alle vor Ort geschmiedeten Sensen, Hacken, Fenstergitter, Schwerter und eisernen Turmuhren.

Vom Backen des Eisenbrots und all der damit verbundenen Mühsal ist im Dorf heute nichts mehr zu sehen. Im Jahr 1870 brannte die Bergbausiedlung aufgrund eines aus einer Schmiede entstandenen Funkenschlags vollständig aus. Fast alle einst rußgeschwärzten Holzbauten sind verschwunden. An ihrer Stelle strahlen am Fuße des 1.229 Meter hohen Berggipfels Székelykő heute die schneeweißen Fassaden der im sächsischen Stil errichteten Häuser.

Der von den Rumänen als Piatra Secuiului oder Colții Trascăului bezeichnete karge Gipfel wird von den Bewohnern des Dorfs wie ein heiliger Berg verehrt. Wenn im Monat Juli früh am Morgen kristallklares Quellwasser im Dorfbecken sprudelt, in dem die Bewohner bis heute ihre Teppiche waschen, und die ersten Sonnenstrahlen die weiß getünchten Häuser des Dorfs beleuchten, passiert das Wunder.

Kurz nach ihrem Aufgang über dem Bergmassiv verabschiedet sich die Sonnenscheibe noch einmal, als hätte sie es sich anders überlegt. Sie verschwindet hinter dem Székelykő-Massiv, um am späten Vormittag strahlend wieder aufzutauchen und das ganze Dorf zu beleuchten. So wurde Torockó zum einzigen Dorf Transsilvaniens, wo es täglich tatsächlich zwei Sonnenaufgänge gibt.

Anfahrt Von Turda kommend fährt man über die Nationalstraße DN 75 Richtung Câmpeni und zweigt auf halber Strecke in Buru auf der 107M Richtung Berge und Rimetea (517610) ab. Als erste Anlaufstation empfiehlt sich der schöne Marktplatz. | **Tipp** Auf halber Strecke befinden sich vor Rimetea zwei sehenswerte Klöster: Mănăstirea Rimetea und Mănăstirea Sfântul Ioan Botezătorul.

17 Die Eichen von Mercheașa

Die ältesten Bäume Rumäniens

Es gibt tatsächlich transsilvanische Bäume, die noch vor der Entdeckung Amerikas das Licht der Welt erblickten. Wenn sie, wie die Stieleichen am Rande des Dorfs Mercheașa (deutsch Streitfort), trotz ihres hohen Alters völlig gesund und fast ohne größere Blessuren durch all die Jahrhunderte kamen, gleicht dies einem Wunder. Der älteste dieser Bäume ist über 900 Jahre alt und weist keinerlei Schäden durch Unwetter, Holzfäller oder Kriege, kaum Brandspuren und keine Anzeichen von Schädlingsbefall auf.

Entdeckt hat ihn ein junges Mädchen aus dem Dorf Mercheașa im Rahmen eines vom »Mihai Eminescu Trust« organisierten Wettbewerbs. Es ging darum, den »Rumänischen Baum des Jahres« zu finden. 27 andere Bäume waren ebenfalls im Wettbewerb, doch die mächtige Eiche aus dem Kreis Brașov machte schließlich das Rennen. Im Jahr 2011 nahmen die Dorfbewohner gemeinsam mit dem Verein Geopark Perșani den Baum in die Liste der ältesten Bäume des Landes auf und gaben ihm die Ehrenbezeichnung »Alter Mann der Karpaten« (Bătrânul Carpaților).

Die Eichen von Mercheașa zählen zu den ältesten Bäumen Rumäniens. Es lohnt sich darum, bei einem Besuch nicht nur die älteste Eiche, sondern auch die anderen zu würdigen. Denn diese Bäume sind Zeitzeugen der besonderen Art. Sie erlebten die Ankunft der Sachsen in Siebenbürgen ebenso wie das Kommen und Gehen der Deutschordensritter. Mittlerweile wurde die älteste Eiche eingezäunt, um sie vor den Weide- und Wildtieren der Umgebung zu schützen. Der Umfang des Stamms dieser majestätischen Stieleiche beträgt 9,30 Meter. Der Baum ist über 21,3 Meter hoch und hat eine fast volle, schön gerundete, harmonische Krone.

Die Bewohner des Dorfs sind ein ausgeglichenes und unerschütterliches Völkchen, heißt es. Irgendwie, so munkelt man im Ort, scheinen die Bewohner die stoische Gemütslage ihrer berühmten Eichen voll und ganz verinnerlicht zu haben.

Anfahrt Die Eichen befinden sich etwa 1,7 Kilometer nordöstlich des Dorfs Mercheașa (507107), das zur Gemeinde Homorod im Kreis Brașov gehört. Sie sind über die Straße 132 gut zu erreichen. Die älteste Eiche hat die GPS-Koordinaten 25° 21' 49.191" Länge O & 46° 03' 59.047" Breite N. | Tipp Die schöne, an der Hauptstaße gelegene Kirchenburg in Homorod sollte man sich nicht entgehen lassen. Die Gemeinde liegt nur sechs Kilometer von Mercheașa entfernt.

18 Das Eiermuseum

Der Triumph der Fruchtbarkeit

Eine Vagina oder eine gebärende Vagina als geritzte Symbole der Fertilität auf bemalten Eierschalen – so etwas würde man sicherlich nicht in einem volkskundlichen Museum in Rumänien vermuten. Neben diesen überraschenden Motiven findet sich im ethnologischen Haus in der Szekler-Gemeinde Gheorgheni auch eine erstaunliche Anzahl von schamanischen Exponaten – und ebenso solche mit zweifelsfreiem Voodoo-Hintergrund.

Die Initiatorin dieses erstaunlichen Museums, die Ethnologin Irén Kisné Portik, hat im Laufe der Jahre über 2.800 bemalte, geritzte oder gefärbte Eier aus allen möglichen Landesteilen zusammengetragen – in das einzige Eiermuseum in Transsilvanien. Anders als bei den bekannten Museen dieser Art in der Bukowina, die sich hauptsächlich folkloristischen und christlichen Ostermotiven widmen, geht Kisné Irén bei ihren Exponaten streng wissenschaftlich vor. Sie verweist auf die uralte Geschichte der Eierdekoration. Die Tradition des Eierbemalens und Eierkratzens geht weit in vorchristliche Zeit zurück und verwendet vor allem typische Symbole der Erneuerung, der Wiedergeburt und Fruchtbarkeit. Zu den ältesten Fundstücken zählen über 60.000 Jahre alte verzierte, versteinerte Straußeneier aus Südafrika.

Was die Forscherin Irén Kisné bezüglich der Symbolik der Eierkunst herausgefunden hat, geht weit über das rein Dekorative hinaus. Die Eierzierkunst wird in vier Bereichen präsentiert. Das Wiedererwachen der Natur wird durch stilisierte Blüten und Blätter als Symbole des Frühlings dargestellt. Die Kraft der Sonne steht ebenso motivisch im Zentrum wie die Darstellung von Tulpen. Es seien ebenjene Symbole positiver Weiblichkeit, erklärt Kisné Irén, die auch auf alten Szeklertoren zu finden sind. Die Darstellung einer Vagina als Eiermotiv ist wohl weltweit einmalig und die Ethnologin für den Mut zu bewundern, diese Fruchtbarkeitskunst im Museum zu präsentieren.

Adresse Gábor Árom Utca 18, Gheorgheni 535500, Kontakt Irén Kisné Portik, Tel. +40/745528674, kispieren@gmail.com | Tipp Gheorgheni, das deutsche Niklasmarkt, weist eine der kleinsten Kirchenburgen des Landes auf. Trotz ihrer geringen Größe ist sie sofort markant in der Ortsmitte zu finden.

19 Die Eishöhle von Scărișoara

Der größte unterirdische Gletscher des Landes

Die auf einer Höhe von 1.165 Metern gelegene Scărișoara-Höhle im Apuseni-Gebirge ist die bekannteste Eishöhle Rumäniens. Unfassbare 80.000 Kubikmeter Eis lagern unter der Erde. Das älteste Eis an der Basis des Blocks, haben Pollenanalysen ergeben, ist 3.500 Jahre alt. Für Forscher ist genau dieser Zeitraum interessant, auch wenn die Geschichte von Scărișoara selbst über eine Million Jahre zurückreicht. Der unterirdische Eisklumpen gilt als wunderbare Enzyklopädie des Klimas. Forscher des Emil-Racoviță-Instituts für Höhlenforschung in Cluj können aus Bohrungen jeden Waldbrand und jedes Naturphänomen der letzten Jahrtausende herauslesen.

Trotz der Größe des Gletschers könnten Besucher nach 450 stählernen Stufen hinunter zur Höhle dennoch enttäuscht sein. Denn auf dem geführten Rundweg sind nicht alle Bereiche des unterirdischen Labyrinths für die Öffentlichkeit zugänglich. Die Scărișoara-Höhle hat drei Räume, die von Touristen besucht werden können. Der über 100 Meter lange »Große Saal« ist beleuchtet und führt über einen Rundweg aus Holzbalken direkt zum Eisblock. Ausgerechnet der Raum mit den schönsten Eisformationen, der sogenannte Kirchensaal, darf leider nicht betreten werden. Was man auf dem Rundgang sieht, ist also nur die Spitze oder, besser gesagt, der Zipfel des Eisbergs.

Dennoch lohnt der Abstieg zur Höhle, besonders in den Monaten Januar bis März, wenn hier die bizarrsten Eis-Skulpturen, -Stalagmiten und -Stalaktiten zu sehen sind. Allerdings verwandelt sich die unterirdische Eislandschaft ständig. In heißen Sommern ist nur am Ende der Haupthöhle der flache Eisblock zu sehen, dem das Schmelzwasser zu schaffen macht.

Die Legende zur Höhle erzählt von einem Eisdrachen namens Solomat, der jedes Jahr vor dem Mädchenmarkt im nahen Gâina ein Mädchen in seinen unterirdischen Eispalast entführte.

Anfahrt Von Câmpeni sind es 32 Kilometer bis zur Höhle. Im Gebirge windet sich die DN 75 serpentinenreich zum Dorf Scărișoara (237395) hinauf. Die Höhle ist sehr gut ausgeschildert. Vom Parkplatz aus sind es zehn Fußminuten zur Eishöhle. | Tipp Sportliche Besucher können ihr Auto in der Gemeinde Garda stehen lassen und über den mit einem roten Kreuz gekennzeichneten, zehn Kilometer langen Weg zur Scărișoara-Höhle wandern.

20 Equus Silvania

Das Glück auf dem Rücken der Pferde

Der Reiterhof Equus Silvania liegt eingebettet zwischen Wiesen und Weiden am Rande des Dorfs Şinca Nouă. Am Abend trotten die Kühe und Wasserbüffel, begleitet vom Tiefflug der Schwalben, von den Weiden zurück ins Dorf. Pferdekarren klappern über die Feldwege. Nur einen Tagesritt entfernt kommt man zu Schäfereien, in wilde Karpatenwälder und zu Streusiedlungen, wo die Menschen noch weitgehend wie im Mittelalter leben. Das Wasser wird aus Ziehbrunnen gewonnen, und Strom ist für viele bereits ein Luxus. Die Hügel Transsilvaniens sind wie gemacht für Ausritte in ursprüngliche Landschaften, fernab der Zivilisation, des Lärms und der Hektik.

So verwundert es nicht, dass Menschen sich zunehmend diese ursprünglichen Landschaften auf dem Rücken der Pferde erschließen möchten. Ein paar Stunden im Sattel eines reinrassigen Shagya-Arabers über mit Gras bewachsene Wege, durch Eichen- und Hainbuchenwälder oder Weiden, begleitet vom Summen der Wiesenbewohner, und man weiß nicht mehr, in welchem Jahrhundert man sich eigentlich befindet. Keine Straßen, keine Beleuchtung, keine Stromleitungen. Vielleicht Luchse, mit Sicherheit aber Vögel. Wiedehopfe, Bienenfresser, Schreiadler, Störche und Pirole lieben diese unberührten Landschaften. Neben seltenen Vogelarten bekommt man mit Sicherheit Schmetterlinge und Orchideen zu sehen.

Abends am Lagerfeuer oder beim Abendessen in einer Dorfpension weiß man die Ausdauer, die Schönheit und den guten Charakter der Pferde zu schätzen. Der Bestand im Equus Silvana besteht aus einer Mischung aus reinrassigen Pferden und Halbblütern hauptsächlich ungarischer Herkunft, wie Shagya-Araber, Gidrán und Kisbéri. Auf Wunsch kann man individuelle Ritte buchen, aber auch einwöchige Trailritte, Winterritte durch den Pulverschnee, Gourmetritte oder solche, bei denen man wilde Bären von einem Beobachtungsplatz im Wald aus beobachten kann.

Adresse Strada Principală 67b, Șinca Nouă 507210, equus-silvania.com/de, Tel. +40/753014465 | Tipp Äußerst sehenswert ist die 1761 errichtete markante Holzkirche Din Deal in Șinca Nouă.

21 Die Eselfarm in Cund

Entschleunigung mit Langohren

Wenn Christian Harfmann von Transsilvanien schwärmt und die Gegend um das märchenhafte Dorf Cund als »Toskana Osteuropas« preist, ist das sicherlich keine Übertreibung. Der Ort, der auf Deutsch Reußdorf heißt und den man von Süden nur über einen idyllischen Waldweg erreicht, entwickelt sich immer mehr zum Geheimtipp. Der Österreicher Harfmann gehörte in Südosteuropa zu den Pionieren des Tourismus und war der Erste, der einen Online-Reiseführer über Rumänien erstellt hat. Mittlerweile ist Siebenbürgen seine Wahlheimat, und wer einmal in seinem Biogarten mit 400 Obstbäumen zur Ruhe gekommen oder mit den Eseln seiner Donkey Farm auf Wanderschaft gegangen ist, kann gut verstehen, wieso.

Esel haben als Tragtiere in Transsilvanien eine lange Tradition. Früher waren sie unermüdliche Begleiter der Schäfer und schleppten deren schwere Lasten während der Transhumanz, der Wanderweidewirtschaft. Sie waren aber auch als Schutz vor Bären und Wölfen nützliche Begleiter. Da die nomadische Fernweidewirtschaft nur noch selten praktiziert wird, wurden die Esel für die Schäfer nutzlos.

Sieben seiner ersten Esel hat Harfmann von Schäfern gerettet. Mittlerweile ist seine Eselfamilie auf zwölf Tiere angewachsen. Die Esel bekamen auf seinem Hof ein neues Zuhause und begleiten nun wanderfreudige Besucher als tierische Reiseleiter in die sanfte Hügellandschaft Siebenbürgens. Cund ist der einzige Ort in Rumänien, wo man Eselwanderungen machen kann. Eine gute Gelegenheit, einen Gang runterzuschalten und zu entschleunigen. Denn wer sich mit den Langohren auf Wanderschaft begibt, muss zwar seinen Rucksack nicht selbst schleppen, sollte jedoch genügend Zeit und Geduld mitbringen, denn das Tempo wird in der hügeligen Landschaft oder entlang der Sonnenblumenfelder vom Esel diktiert. Und die beste Zeit für ein Picknick ist dann gekommen, wenn der Vierbeiner grasen möchte.

Adresse Donkey Farm Cund 99, Strada Principală 99, Cund 547057, Tel. +40/788632481, ch.harfmann@gmail.com | Tipp Weitere Führungen, Unterkünfte, Kutschausritte, Weinproben und Trüffelsuche bietet das Valea Verde Retreat an. Buchungen unter valeaverde.com.

22 Die farbigen Gassen von Schäßburg

Knallbunt und zu dick aufgetragen

Immer wieder erfreuen sich Reisende an dem Motiv der bunten Häuser in der Altstadt von Schäßburg. Touristen, insbesondere solche, die auf Instagram agieren, können sich gar nicht satt sehen an der Farbenpracht der Gassen.

Kenner der Stadt, wie der Schäßburger Grafikdesigner und Denkmalpfleger Armin Maurer, sind allerdings keine Freunde der zu dick aufgetragenen modernen Acrylfarben. Maurer, der selbst ein historisches Gebäude in der Altstadt bewohnt und als Umweltgestalter arbeitet, verweist auf den Stadtarchitekten Fritz Balthes. Der hatte um 1900 die Idee, die traditionell weiß gekalkten, ockerfarbenen und langweiligen hellgrauen Fassaden bunt zu gestalten, um ein lebendigeres Stadtbild zu erzeugen. Schon bald handelte er sich den Beinamen »Häuserschreck« ein, weil sich die neuen Fassadenfarben, die er zur Auflage machte, an denen eines Aquarellkastens orientierten.

Die traditionellen Anstriche mit Farben aus mineralischen Pigmenten wurden damals lasierend aufgetragen. So konnte Licht durch die Farbschicht dringen und auf die weiße Kalkgrundierung treffen, mit der man seinerzeit die Hausfassaden versah. Kalkanstriche gehören zu den ältesten Anstrichmethoden – sie wurden schon in der Steinzeit verwendet. Sie führen zu einer wunderbaren Farbdichte und zu einem lebendigen, naturnahen Eindruck. All diese Effekte entfallen bei den aktuell üblichen Farbanstrichen – zu dick werden die heutigen Acrylfarben aufgetragen. Mikroskopisch kleine Plastikteilchen trocknen aus und bilden einen Farbputz, der reißt und abzublättern beginnt, wenn Wasser in die Risse dringt. Traditionell arbeitende Handwerker in Siebenbürgen verwenden mittlerweile wieder die nachhaltigen Anstriche samt der weißen Kalkgrundierung und vermeiden moderne Acrylfarben mit Plastik. Und sie tragen nicht mehr so dick auf. Das tut nicht nur den Fassaden, sondern auch den Augen gut.

Adresse Schäßburg/Sighișoara 545400. Farbige Häuser sieht man auf der Burg in der Schulgasse, in der Schanzgasse, der Klostergasse, der Tischlergasse und im Pfarrgässlein sowie in der Unterstadt in der Baiergasse (der Name kommt von »Bauerngasse«) und der Hüllgasse. | Tipp Neben dem mittelalterlichen Schusterturm in unmittelbarer Nähe der bunten Häuser ist ein Ausflug ins Naturschutzgebiet Breite mit uralten Eichen und einer alten Hutweide empfehlenswert.

23 Die Felsenburg in Hunedoara

Ein Gigant mit dunkler Vergangenheit

Tausende von Touristen kommen jährlich natürlich auch nach Transsilvanien, um sich auf die Suche nach Schlössern und Burgen zu machen, die an Dracula denken lassen. Dafür ist der Mythos zu mächtig und die Sehnsucht, die durch die Bildwelten der Filmindustrie geschaffen wurde, einfach zu groß. In die engere Auswahl kommt jene mächtige Felsenburg in Hunedoara, die alle Attribute eines Dracula-Bestsellers erfüllt.

Der Legende nach wurde Vlad Tepeș sieben Jahre lang in den Kerkern der Burg Corvin gefangen gehalten. Die Burg ist, wie Bram Stoker in Dracula schrieb, »… ein Ort der Schatten, wo der Wind kalt durch die Mauern bläst und durch dessen hohe, geschwärzte Fenster die Sonnenstrahlen nicht dringen«. Nachweislich dienten zwei dunkle Räume am Eingang des Schlosses als Folterkammern. Finster war gelegentlich auch der Himmel über der Burg, lag sie doch lange Zeit inmitten eines riesigen Industriekomplexes. Trotz der dunklen Vergangenheit und all der Kerker, Verliese und dezent rauchender Schlote gilt die Burg Corvin als eine der schönsten Burgen der Welt. Das rumänische Fremdenverkehrsamt ordnet sie unter den Top Ten der märchenhaftesten Reiseziele in Europa ein. Fakt ist: Die Burg in Hunedoara ist das größte noch erhaltene mittelalterliche Gebäude in Rumänien. Sie ist so groß, dass sie 1784 während des Horea-Aufstands leibeigner siebenbürgischer Bauern zum Zufluchtsort für sage und schreibe 3.000 Menschen wurde.

Kaum zu glauben, dass der gewaltige Burgklotz im Laufe seiner Geschichte mehrmals vollständig abgebrannt ist. Historikern zufolge war die Burg Corvin im Laufe ihres Bestehens Schauplatz von drei großen Bränden. Die verheerendste Katastrophe ereignete sich am 13. April 1854. Nur die alte Gefängnistür, die als einzige originale Holztür des Schlosses gilt, blieb damals vom Feuer verschont.

Adresse Curtea Corvineștilor 1–3, Hunedoara 331141 | Öffnungszeiten täglich 9–17 Uhr | Tipp Weitere historische Schätze sieht man im Archäologisch-Ethnographischen Museum, dem Muzeul de Arheologie și Etnografie, in Hunedoara in der Strada Castelului 1–3.

24 Der ferne Klang

Tulnic – das archaische Smartphone

Ein warmer, weicher Klang ertönt über einem Tal des Apuseni-Gebirges. Er ist auch in einigen Kilometern Entfernung noch gut zu hören. Wenn Maria Ana Gligor zum Tulnic greift, diesem aus Fichte oder Tanne gefertigten transsilvanischen Alphorn, ist der satte Sound besonders eindrücklich. Denn die Seniorin hat bereits mit sieben Jahren ihrer Mutter Lucreția die schönsten Melodien abgelauscht und später die uralten Lieder gesammelt. Heute führen in der Familie Denisa, Geanina, Crinela und Darius die Tradition fort. Mittlerweile gilt Maria Gligor als rumänische Ikone, die ihre Heimatklänge in alle Welt getragen hat – bis ins ferne Kanada.

Das archaische Instrument stammt aus der Zeit der Daker, also aus der Zeit um 500 vor Christus. Die verlustreichen Kriege der Männer machten das lange Hirtenhorn im Laufe der Jahrhunderte im Apuseni zu einem Instrument der Frauen. Während es früher Alarm auslöste, also den Einfall von Feinden oder Feuer signalisierte, verwandelten die Frauen es in ein pfiffiges Kommunikationsmittel. »Das Tulnic war unser Smartphone damals«, sagt Maria lächelnd und fügt hinzu: »Es ist heute auch ein Instrument der Natur-Meditation und der Liebe.«

Wichtige Ereignisse im Leben der Menschen, wie Geburt, Taufe, Hochzeit oder Tod, wurden früher mittels einer ganz bestimmten Tonfolge über die Täler, von Berg zu Berg vermittelt. In der Bergwelt verkündete der ferne Klang die Feiertage und rief die umliegenden Dörfer zu Versammlungen, wie dem bekannten Heiratsfest am Berg Găina, auf.

Wollte sich ein Paar zu einem Treffen verabreden, benutzte es eine nur ihm bekannte Tonfolge, eine Art Code, der kilometerweit entfernt an das Ohr des Liebsten drang – denn es waren die Frauen, die zum Treffen einluden. Aus dieser Tradition ist eines der bekanntesten Tulnic-Lieder entstanden, die »Chemarea drăguților«, was so viel heißt wie: der Ruf des Liebsten.

Adresse Familie von Maria Ana Gligor in Câmpeni 515500, Țara Moților.
Kontakt: crinela.onetiu@gmail.com, Tel. +40/756282830 | Tipp Die Grafenburg Kelling (Cetatea din Câlnic) ist einen Besuch wert und gehört zum UNESCO-Weltkulturerbe. Man findet sie unübersehbar im Ort Câlnic.

25 Die Fotografien von Șona

Vom Gedächtnis zum Vermächtnis

Alte und neue Geschichten sammeln, mit Dorfbewohnern sprechen und Fotografien entdecken, die sich auf irgendeinem Dachboden finden, all das gehört zur Tätigkeit von Diana Iabrașu. Die Forschungskoordinatorin des Projekts »Șona – Erinnerung an einen Ort« sammelt und archiviert Erzählungen und Bilder im kleinen Dörfchen Șona, um sie zu bewahren. Das geschieht auf teils spektakuläre Weise. Denn zehn der historischen Fotografien wurden hundertfach vergrößert und im Dorf an den Originalschauplätzen der Abbildungen aufgestellt. So findet sich die jahrzehntealte Fotografie einer Schulklasse folgerichtig vor dem Gebäude der alten Schule wieder.

»Wir haben uns auf eine Reise begeben, um Schönheit zu entdecken«, sagt Diana Iabrașu. »Wir begannen zu lernen und zuzuhören, zu sehen und zu lieben. Die Gesichter der Menschen auf alten Fotografien, ihre Häuser, die Art und Weise, wie im Dorf Geschichten erzählt wurden.«

Auf das Entstauben der Erinnerung folgt das Entstauben der Köpfe, denn im Verein Șona Noastra hat man seit Beginn des Projekts, seit Anfang 2022, allein von zehn Familien des Dorfs über 1.000 Fotos erhalten. Mit dem Sammeln und der Ausstellung, also der Veröffentlichung der Bilder im Dorf, ist es nicht getan. Denn was mit den bildlichen Erinnerungen beginnt, wird durch Interviews über Personen, Zeiten, Zeremonien und Bräuche zum Leben erweckt. Eine vergangene Welt wird so bewahrt und in ein neues Licht gesetzt. Es sei immer eine große Freude für die Bewohner des Dorfs, so Diana Iabrașu, auf den Fotos Menschen aus ihrem früheren Leben zu erkennen. Es ist eine interessante Reise, auf die sich der Verein Galerie Artep, die Stiftung »Ștefan Câlția« und die Vereine Șona Noastra und Monumentum begeben haben. Eine Reise in die flüchtige Welt des kulturellen Erbes eines kleinen Dorfs im Herzen von Făgăraș. Es wäre schön, wenn diese Reise noch lange weitergeht.

Anfahrt Șona (507128) ist ein Dorf am rechten Ufer des Flusses Olt, acht Kilometer von der Stadt Făgăraș entfernt, in der Grafschaft Brașov. | Tipp Sehenswert ist die Kirchenburg der Gemeinde Bălcaciu (Bulkesch), fünf Kilometer südöstlich von Șona.

26 Die Fresken von Malmkrog

Der schönste Himmel weit und breit

Die ältesten komplett erhaltenen Fresken in Siebenbürgen findet man etwas abseits der ausgetretenen Trampelpfade. Der Weg nach Malmkrog (rumänisch Mălâncrav) führt durch ein Seitental der Großen Kokel nach Süden. Das Dorf zählt zu den wenigen, in denen es sowohl eine sächsische Kirchenburg als auch ein ungarisches Adelsschloss gibt. Bereits vor 1400 gehörte die Gemeinde der ungarischen Adelsfamilie Apafi, die in Almakerek ihren Sommersitz besaß.

Die Maria geweihte Kirche wurde 1350 gebaut. Die wunderbaren Fresken sind im Jahr 1405 fertiggestellt geworden, was man aus verschiedenen Einkratzungen schließen kann. Besucher können an der rotbraun verputzten Wand links hinter dem Flügelaltar auch weitere mittelalterliche Kritzeleien aus den Jahren 1568 und 1573 erkennen. Da die Sachsen während der Reformationszeit zu Protestanten wurden, das ungarische Grafengeschlecht aber katholisch blieb, wurde die romanische Kirche zeitweise von beiden Konfessionen genutzt. Bis ins Jahr 1736 war sie Wallfahrtsort für wohlhabende Pilger.

Schaut man ins Chorgewölbe, so entfalten sich über dem Marienaltar die prachtvollen Fresken aus spätmittelalterlicher Zeit. Es scheint fast, als würde man in eine türkisfarbene Lagune im Himmel schauen. Dabei verrichten die vier Evangelisten dort oben nur fleißig ihre Schreibarbeit, wobei ihnen die vier ikonografischen Helfer Löwe, Stier, Adler und Engel zur Seite stehen.

Die wahrscheinlich aus Südtirol stammenden Künstler erzählen mit ihren Fresken bildlich detailliert und ausdrucksstark biblische Geschichten. Die Geschichte des kurioserweise in mittelalterlicher Rüstung dargestellten schlafenden Soldaten ist besonders eindringlich. Er bemerkt den auferstandenen Jesus nicht. Im Zuge der Reformation wurden fast sämtliche mittelalterlichen Fresken übermalt, die strahlenden Gemälde in Malmkrog jedoch nicht – sie sind einfach zu schön.

Anfahrt Malmkrog/Mălâncrav 557117; von Schäßburg oder Mediasch über die Bundesstraße 14, in Lasseln (Lasslia) ins Seitental der Großen Kokel, dann 15 Kilometer bis Malmkrog | **Tipp** »Malmkrog« heißt auch ein imposanter, sehr sehenswerter Film des rumänischen Regisseurs Cristi Puiu, der sich für die Aufnahmen mit seinem Team einige Wochen im Dorf einquartierte.

27 Der Garten der Drachen

Geologische Wunderwelt vom Meeresgrund

Ein wenig fühlt man sich im Grădina Zmeilor, also im Garten der Drachen, wie in einem geologischen Theater. Die aus dem Tal steil aufragenden Felsenformationen tragen Namen wie »Der Drache«, »Die Drachin« oder »Der Hauptmann« und »Die Soldaten«, und man ahnt, wie all die bizarren Felstürme und Steinnadeln die Phantasie der Menschen jahrhundertelang angeregt und inspiriert haben könnten.

Dabei handelt es sich bei den Protagonisten dieser Aufführung um vulkanisch geschaffene Felsen, die einst auf dem Meeresgrund lagen. Vor 200 Millionen Jahren, als sich Transsilvanien noch tief in einem Urmeer befand und sich tatsächlich drachenartige Wesen um die Unterwasserriffe und Korallenbänke des Tethys-Meers tummelten. Als dann die Felsen ans Tageslicht gehoben wurden, schuf die Erosion im Lauf der Jahrmillionen durch ihre Akteure Wind, Wasser, Kälte und Hitze all die heutigen wunderbaren Formationen.

Mit jedem steinernen Relikt im Garten der Drachen ist eine Sage verbunden. Die wohl schönste erzählt von einem Kampf zwischen zwei Drachen, die die Sonne gestohlen haben, und einem schelmischen Jungen, der sie wieder befreien konnte. Sobald man im heutigen Naturreservat auf einem Waldweg das Aussichtsplateau erreicht hat, kann man die Schar dieser diebischen Drachen sehen, die sich der Legende nach durch einen Fluch in steinerne Säulen verwandelt haben.

Dass auch sagenhafte Geschichten selbst der Erosion und Schwerkraft zum Opfer fallen können, beweist die Geschichte eines Mädchens, das sich in einen Soldaten verliebt hatte. Die böse Stiefmutter des Mädchens war mit dieser Liebe nicht einverstanden, verfluchte sie – und so verwandelte sich das Mädchen in Stein. Doch die Gesteinsformation, die diese Legende in den Köpfen der Menschen angeregt hat, gibt es nicht mehr. Sie stürzte während einer Überflutung im Jahr 1973 in sich zusammen.

Anfahrt Gâlgău Almașului, Gemeinde Bălan 535200, Kreis Sălaj, zehn Kilometer südlich der Stadt Jibou. Der Garten der Drachen ist im Ort gut ausgeschildert. Der Fußweg durch das Reservat führt über einen markierten Pfad, über Steinwege oder Holztreppen. | Tipp Die phantastische Gesteinsformation Moșu și Baba auf einer Höhe von 400 Metern, zwei Kilometer östlich des Dorfs Someș-Guruslău im Kreis Sălaj.

28 Der geheime Gang in Bran

Dracula – der unsterbliche Mythos

Unterhalb des Schlosses Bran, das wie eine idealtypische transsilvanische Burg auf dem Felsen Dietrichstein thront, ist meist ein Kitsch-Eldorado von Marktständen zu finden. Sie bieten zum Kauf an, was motivisch auch nur im entferntesten Sinne etwas mit Zähnen, Blut, Knoblauch oder Vampiren zu tun hat. Kein Wunder, schließlich wird die historische Törzburg ganz unverblümt als Dracula-Schloss vermarktet.

Zwar hat es die historische Vorlage von Bram Stokers Roman »Dracula«, jenen blutrünstigen Vlad Țepeș, tatsächlich gegeben. Doch Vlad der Pfähler, dessen Vater dem Drachenorden Kaiser Sigismunds von Luxemburg angehörte und der deshalb auch den Beinamen Drăculea (rumänisch Drache) trug, hat niemals auch nur eine Nacht auf Schloss Bran verbracht.

Doch Besucher, die sich, stolz mit Rosenkranz und Knoblauch bewaffnet, in die dunklen Gänge wagen oder an einem der nächtlichen Dracula-Feste teilnehmen, scheinen sich daran nicht zu stören. 640 Jahre Geschichte stecken in den 57 Kammern der Burg, aber was die meisten suchen, ist zweifellos der Grusel. Und der wird in den unterirdischen Verliesen geboten – von dem mit spitzen Holzdornen gespickten Folter-Befragungsstuhl bis zur Nürnberger Jungfrau, einem begehbaren, mit scharfen Nägeln ausgekleideten Hohlkörper. Doch all dies hat wenig mit Vlad Țepeș Drăculea zu tun, dessen Bildnis neben einigen Marterinstrumenten hängt.

Ein ursprünglich hinter einem antiken Kamin versteckter steinerner Gang mit Geheimtreppe, den die einstige Schlossbesitzerin, Königin Maria von Rumänien, erst in den 1920er Jahren entdeckte, eine im Brunnenschacht versteckte Schatzkammer und die letzte Ruhestätte des Herzens von Königin Maria gehören zu den Mysterien des Schlosses. Kein Geheimnis hingegen ist, dass Marias Tochter Ilean, die letzte Bewohnerin der Burg, der Dracula-Tourismus verhasst war und sie vor dem Rummel in ein Kloster floh.

Adresse Schloss Bran, Strada General Traian Moșoiu 24, Bran 507025 | Anfahrt Schloss Bran befindet sich östlich des Piatra-Craiului-Gebirges (Königstein) an der DN 73, etwa 30 Kilometer südwestlich der Kreishauptstadt Brașov (Kronstadt) | Öffnungszeiten täglich 9–16 Uhr, Mo 12–16 Uhr | Tipp Das Dorfmuseum Bran – gleich neben dem Schloss – zeigt Möbel und traditionelle Haushaltsgegenstände (Strada General Traian Moșoiu 28).

29 Der Geigenbauer von Reghin

Die Meisterstücke von Claudiu Mare

Der Himmel hängt voller Geigen, zumindest an der Decke der Werkstatt von Claudiu Mare. In Reghin, dem Zentrum des rumänischen Geigenbaus, wird man bereits am Ortseingang von einer stilisierten Violinen-Skulptur empfangen.

Hier gibt es heute noch mehr als 40 Werkstätten, in denen Geigen hergestellt werden. Claudiu Mare hat sich mit 20 anderen Meistern des Orts in einem Verein zusammengeschlossen, der sich der traditionellen Herstellung verpflichtet sieht. Auch Bratschen, Violinen und Celli werden in den Werkstätten in Reghin gefertigt und zu günstigen Preisen in die ganze Welt exportiert. Doch die schnelle Verarbeitung ist nicht Claudius Sache.

Die finale Version hat bis zu 14 Schichten Lack, und der ganze Prozess, bis ein wohlklingendes Instrument entstanden ist, erfordert etwa 200 Arbeitsstunden und dauert drei Monate. Da das Holz arbeitet, ist es wichtig, sehr trockenes Holz zu nehmen. Deshalb lagern die Klanghölzer sehr lange in einer Trockenkammer, in der es dunkel ist und die gut belüftet sein muss. Bereits die Jahresringe eines Baums, der später einmal zu einer Geige werden soll, müssen für einen guten Klang sehr symmetrisch sein. Claudiu sucht ein schönes Stück Rohholz für den Boden und ein weiteres für die Decke aus. Ahorn sei das Beste für Boden, Zarge und die Schnecke. Fichte für die Decke. Rund um den Arbeitstisch der Werkstatt hat Claudiu zahlreiche Holzschablonen, Hölzer und Erinnerungsstücke platziert. Alles riecht und duftet nach Geigenbau. Mit Vorliebe verwendet Claudiu über 30 bis 40 Jahre alte Hölzer aus den Karpaten. Die Lackierung erfolgt mit Lacken auf Ölbasis mit natürlichen Pigmenten.

»Die Geige«, so Claudiu, »ist ein Instrument mit einer Seele, die durch ihre Schwingungen eine Melodie singt, die Sinne beruhigt und die Herzen berührt.«

Adresse Claudiu Mare, Strada Pasunii 15, Reghin 545300 | **Tipp** Das ethnografische Museum in Reghin in der Strada Vînătorilor 51.

30 Im Geisterwald von Hoia Baciu

Die weinenden Bäume bei Cluj-Napoca

Seit eine Reportage der BBC 2013 den Hoia-Baciu-Wald in Cluj als einen der fünf gespenstischsten Wälder der Welt bezeichnete, kommt der Forst nicht mehr zur Ruhe. Auch die britische Zeitung »The Guardian« nahm den Spukwald in die Top Ten der gruseligsten Orte Europas auf. Liebhaber von Gruselgeschichten können rund um die knorrig verbogenen Bäume eine geführte Nachtwanderung buchen. Dokumentarfilme berichten von rotem Saft, der am Stamm weinender Bäume herabrinnt und klagenden Lauten.

Als würde all dieser Spuk rund um die gespenstisch geformten Bäume nicht ausreichen, setzt der Präsident der Rumänischen Gesellschaft für Parapsychologie noch eins drauf. Der Hoia-Baciu-Wald sei, so Prof. Adrian Pătruţ, einer der aktivsten Orte der Welt, was ungewöhnliche Phänomene betrifft. Schließlich sei hier am 18. August 1968 zweifelsohne ein Ufo am Himmel erschienen. Der Schriftsteller Daniel Roxin greift in seinem Dokumentarfilm über den Gespensterwald die seltsamen Phänomene auf und berichtet über eine kreisförmige UFfo-Landestelle von fast fünf Metern Durchmesser, an der das Gras über Nacht vertrocknet sei.

Die Fremdenführer der Gemeinde Cluj-Napoca verdienen mittlerweile nicht schlecht am Rummel um den Gespensterwald. Fast jährlich kommen neue Berichte über verschwundene junge Mädchen hinzu, und so mancher Guide schmückt die Nachtwanderung mit eigenen Geschichten von Werwölfen und Untoten aus. Die Sehnsucht der Touristen nach transsilvanischem Schauer, den man am eigenen Leib erleben kann, ist groß. Einige Erzählungen schaffen es dann auch in die lokale Presse, wie jene Schauergeschichte eines Briten, der von jammernden Frauenstimmen berichtete. Die Damen hätten sich hilfesuchend direkt an ihn gewandt. Wie sich herausstellte, taten sie dies – ganz im Sinne Bram Stokers – in akzentfreiem Englisch.

Adresse Das Erholungs- und Waldgebiet Hoia Baciu (rumänisch Pădurea Hoia) liegt drei Kilometer westlich des Zentrums von Klausenburg (Cluj-Napoca) in der Nähe der Gemeinde Baciu. | **Tipp** Im »Siebenbürgischen Ethnografischen Museum«, dem Parcul Etnografic Romulus Vuia, kann man sich von jedem Schreck erholen. Strada Memorandumului 21, Cluj-Napoca 400114, muzeul-etnografic.ro.

31 Die Glasbläser von Mediasch

Luftkunst für Fortgeschrittene

Wer die Werkstatt von Oltean Laurean bei Transilvania Glass in Mediasch besucht, traut seinen Augen kaum. Der Glasbläser sitzt an einem Tisch und zaubert in der Flamme, die vor ihm aus einem Bunsenbrenner kommt, eine sehr kleine Flasche, in die er eine winzige Glaspflaume samt Blatt einsetzt. Beide sitzen violett und grün, täuschend echt, als Miniatur nun inmitten eines flakonhaften Zaubers, der zweifellos zukünftig Pflaumenschnaps als gläsernes Zuhause dient. Auch winzige Birnen, Marillen und Kirschen vermag Oltean aus Glas zu schaffen. Außerdem Dekanter, Flakons, Gläser, Globen, Vasen, Kerzenständer und Weihnachtskugeln. Sehr gern zaubern Oltean und sein Sohn Horaţiu auch Dinge, die man noch nie zuvor gesehen hat. Wild sich windende Glasröhrchen, die an alchemistische Requisiten erinnern, an Wunder längst vergangener Zeiten. Besonders imposant ist die Transformation einer Ginflasche in ein dickwandiges Whiskeyglas oder die Verwandlung einer Weinflasche in eine abendliche Gartenleuchte.

Mediasch verfügt über eine mehr als hundertjährige Tradition der Glasproduktion. Bis 1989 arbeiteten über 3.000 Menschen im 1923 gegründeten Glaswerk Vitrometan. Im nahen Fluss Târnava fand man damals den geeigneten Sand, und auch Gas konnte das sozialistische Rumänien mühelos liefern. Heute wird die alte Tradition der Glasbläserei in Mediasch fortgeführt.

Allerdings hat sich Oltean Laureans Firma Transilvania Glass auf Recycling und Kreislaufwirtschaft spezialisiert. Im Hof der Glasbläser stapeln sich die angelieferten Flaschen, die früher direkt den Weg auf die Abfalldeponie gefunden hätten, und warten auf ihre Metamorphose. Die sehr kreative Werkstatt bietet auch Workshops an, bei der traditionelle alte Glasbläserkünste »vor der Lampe« und mit Blasebalg unterrichtet werden.

Adresse Transilvania Glass, Strada Gării, Mediasch 551010, Tel. +40/741534838, transilvaniaglass.ro | Tipp Sehr sehenswert ist die Wandmalerei in der Synagoge, die unter anderem das historische Jerusalem zeigt. Strada Mihail Kogălniceanu 43.

32 Die glückliche Mühle von Ohaba

Und sie dreht sich doch

Ohaba ist ein malerisches Dorf in der Gemeinde Șinca. Die versteckte Wassermühle am Ortsende war relativ unbekannt, doch die spektakuläre Geschichte ihrer Besitzer machte sie nach und nach zu einer kleinen Berühmtheit. Der Autor hat sie erst im Winter entdeckt, als sie gerade repariert wurde. Doch er hat sich sagen lassen, sie sei im Frühling und Sommer eine rauschende Schönheit, umgeben von bunten Sommerblumen und Tannenbäumen.

Das Schmuckstück wurde 1873 erbaut und war seither ununterbrochen in Betrieb. Die Wassermühle ist ein Familienerbstück und befindet sich schon immer im Besitz der Familie Popa, ihres Zeichens Müller in der vierten Generation. Die lange, leider auch traurige Geschichte der Mühle beruht auf dem Freiheitswunsch der zweiten Generation der Ohaba-Müller. Sie widersetzten sich der vom kommunistischen Regime in Rumänien durchgeführten Kollektivierung. Weil sie ihre Mühle nicht dem Staat überlassen wollten, verbüßten sie eine jahrelange Haft in der Festung Făgăraș, einem der härtesten Gefängnisse der damaligen Zeit. Die Müller haben den übelsten Schikanen getrotzt und diese schlimmen Zeiten überlebt, und heute ist die Mühle, samt den in Frankreich erworbenen Mühlsteinen, wieder in ihrem Besitz.

Aufgrund der wechselvollen, aber letztlich erfreulichen Geschichte der Wassermühle wird sie auch die glückliche Mühle von Ohaba genannt. Die glücklichen Zeiten aber, als die Menschen ihren Getreidesack zur Ohaba-Wassermühle trugen, scheinen endgültig vorbei zu sein. Das Mahlen geht mühsam und langsam vonstatten. Nur alle zwei Tage wird überhaupt noch Getreide gemahlen.

Wer möchte, kann im Hof der Mühle, im Gästehaus »Moara cu Noroc«, sein Glück finden, hausgemachte Marmeladen oder Wolle kaufen, sich mit einem frisch gebrühten Tee auf die kleine Terrasse setzen, das Rauschen und Klappern der Mühle im Ohr.

Anfahrt Ohaba 507202, Tel. +40/745656875; über die E 68 bis Schirkanyen, dann auf dem DN 73A nach Süden in Richtung Şinca, in Ohaba abfahren. Der Zugang zur Mühle erfolgt über einen Feldweg. | Tipp Drei Kilometer westlich von Ohaba liegt eine vor allem im Frühling sehr sehenswerte Narzissenwiese (Poiana Narciselor din Dumbrava Vadului).

33 Die Häuser auf Schienen

Die bewegte Vergangenheit einer Allee

Von wegen Immobilie. Unbeweglich sollen Häuser ja eigentlich sein. Doch wenn Rumäniens Diktator Nicolae Ceaușescu einige Gebäude im Weg standen, um seine Träume von prachtvollen Alleen zu verwirklichen, dann mussten diese Bauten einfach weichen. So ließ er nicht nur sieben Kirchen in Bukarest verschieben, sondern auch im transsilvanischen Alba Iulia, unweit des Parcul Unirii, Häuser auf Rollen und Schienen setzen und verschieben, um jene breite Allee zu schaffen, die heute dort zu sehen ist.

Kaum einer der heutigen Mieter des Blocks A2 des Platoul Romanilor in Alba Iulia ahnt, was hier im Frühjahr 1987 geschah. Jeder der beiden Wohnblöcke, die auf Schienen gesetzt und verschoben wurden, wog 7.600 Tonnen. Insgesamt machten sich 80 Wohnungen auf Wanderschaft. Systematisierung nannte sich das damals. Häuser und Kirchen einfach auf Schienen zu setzen rettete damals so manche Rarität, und auch Ingenieur Eugen Iordăchescu wollte mit seinem kolossalen Umzug in Alba Iulia einige Gebäude vor Ceaușescus architektonischem Wahnsinn retten.

Iordăchescu gilt als Erfinder der Methode, Gebäude auf Rollen und Schienen zu setzen und sie dadurch vor Sprengung und Zerstörung zu schützen. Im Laufe seiner Karriere hatte er bereits 29 Gebäude versetzt, darunter auch 13 Kirchen und Klöster.

Die Vorbereitungen zum Umzug der beiden Blocks in Alba Iulia dauerten mehrere Monate. Doch die meisten Schaulustigen, die damals, am 27. Mai 1987 ab 8.35 Uhr, mit Staunen zusahen, wie 80 Wohnungen samt ihren Mietern an einem einzigen Tag umzogen, ahnten nichts von den kolossalen Vorbereitungen, die ein solches Projekt erforderte. Nur die Familien in den Erdgeschossen der Wohnblöcke mussten für eine Weile ihre Wohnungen verlassen. Alle anderen standen stolz auf ihren Balkonen und sahen zu, wie ihr 17 Meter hoher und zwölf Meter breiter Wohnblock sich in Bewegung setzte.

Adresse Alba Iulia 510009. Wo der Bulevardul Transilvaniei auf den Parcul Unirii trifft, stehen moderne Hochhäuser, doch auf beiden Seiten kann man hinter die Kulissen schauen und die ursprünglichen Gebäude sehen. | Tipp Direkt neben dem Durchgang am Studio Foto Michi, der zu einem alten Wohnblock führt, liegt das 5togo, ein Café mit wunderbarem Flat White und Cappuccino. Bulevardul 1 Decembrie 1918.

34 Der historische Weinkeller

Überraschungen im Boutique-Hotel Le Baron

Als die Siebenbürger Sachsen vor 800 Jahren an den Karpatenbogen kamen, brachten sie ihre Wein- und ihre Rebsorten von der Mosel mit. Den Riesling zum Beispiel.

Erich und Annemarie Jekili haben die alte Tradition in einer Gegend Transsilvaniens mit heimischen Rebsorten wie der weißen *(Fereasca alba)* und der königlichen Mädchentraube *(Fereasca regala)* wiederaufleben lassen. Willkommen also im vergessenen Weinland, im Dorf Gănești, dem deutschen Gallendorf. Ein idyllisches Fleckchen Natur, wo sich allein die Kirchenglocken gelegentlich in die Singvogelkonzerte mischen.

Vom Herrenhaus der Jekilis hat man einen prächtigen Blick auf den alten Weinberg und einen Obstgarten mit alten Apfelsorten. Der Eingang zum Weinkeller des heutigen Boutique-Hotels Le Baron verleiht das Gefühl, man betrete einen antiken Tempel. Der Gang unterhalb der dorisch anmutenden Säulen lässt nicht vermuten, hier auf kostbare alte Eichenfässer zu stoßen. Für mehr als 240.000 Liter Wein ist Platz. Die biozertifizierten Weine werden in Edelstahl gelagert. Allerdings werden die Eichenfässer gepflegt und als Kulturschatz bewahrt.

Als die Brüder Erich und Wilhelm Jekili den Hof in den 1990er Jahren erwarben, war er in einem desolaten Zustand. Sie renovierten das sächsische Landhaus aus dem Jahr 1848/50 nach historischen Fotografien. Der Hof war einst Wohnsitz des armenischen Adligen Dániel Mihály und in kommunistischer Zeit staatliche Farm und Weingut. Seit 2014 ist das Anwesen ein edles Landhotel mit 14 Zimmern. Vieles ist möglich: eine Fahrt im Oldtimer, ein Picknick im Wald, Trüffelsuche, ein Bad in der Holzbadewanne oder im Jacuzzi. Kulinarisch glaubt man seinem Gaumen kaum. Bei vielen Gerichten wähnt man sich im »Himmel des Mundes«, wie man in Siebenbürgen zu sagen pflegt. Darunter eine erstaunliche Komposition: schwarzer, fermentierter Knoblauch in Waldhonig. Unbedingt probieren!

Adresse Boutique-Hotel Le Baron, Strada Principală 239, Gănești 547255, Tel. +40/744622965, le-baron.eu | Tipp Das sehenswerte Weingut Villa Vinèa (Strada Principală 243, Castel Vinum Mica 547400) ist gerade einmal zehn Autominuten entfernt.

35 Die Holzkirche von Racâș

Frühneuzeitliche Solarbeleuchtung

Die Holzkirche von Racâș im Kreis Sălaj ist eine der rätselhaftesten Holzkirchen in Siebenbürgen. Dendrochronologische Untersuchungen lassen darauf schließen, dass sie um das Jahr 1558 erbaut und zwischen 1761 und 1772 repariert und möglicherweise etwas höher gebaut wurde. Eigenartigerweise erinnert sie an keine andere Holzkirche in Transsilvanien, sondern vielmehr an die ältesten Holzkirchen in der Region Maramureș. Die Dachschräge bedeckt die gesamte Südseite des Kirchenschiffs, endet an der Apsis und verläuft entlang der Nordwestfassade. Das Gewölbe des Kirchenschiffs ruht nicht direkt auf den Mauern im unteren Teil der Kirche, und auf halber Höhe sind die Wände nach innen versetzt. Das alles gibt den Kirchenhistorikern viele Rätsel auf.

Es gibt auch keine Inschrift am schönen Fresko im Innenraum, die einen Hinweis auf den Künstler der ausdrucksstarken Malereien geben könnte. Die Fresken in Racâș gehören zu den am besten erhaltenen frühneuzeitlichen Holzmalereien Siebenbürgens. An der Nordwand der nach den Erzengeln benannten Kirche ist die Geburt Christi in einer großflächigen Szene dargestellt. An den anderen Wänden sind die heiligen Hierarchen der Kirche, die Propheten und das Opfer Abrahams zu sehen.

Besondere Aufmerksamkeit verdient das Fresko der Kreuzigungsszene: Im Hintergrund erstrahlt die Zitadelle von Jerusalem, die architektonisch siebenbürgischen Wehrkirchen nachempfunden ist. Eine siebenbürgische Kirchenburg in Jerusalem – ein wohl einmaliger, augenzwinkernder Hinweis des unbekannten Künstlers auf die weitreichenden Handelswege Siebenbürgens in den Nahen Osten.

Neben all dem jahrhundertealten Glanz gibt es auf dem Kirchhof auch sehr moderne Errungenschaften. Die hölzernen Kreuze sind teils mit Solarzellen ausgestattet, die den Besuchern in der Dunkelheit die Wege und das Tor zum Kirchengelände ausleuchten.

Adresse Die Holzkirche, auf Rumänisch Biserica de lemn Sfinții Arhangheli, ist von der Straße DN 10 am nördlichen Ortsausgang von Racâș (457179) auf einem Hügel zu sehen. | Tipp Vier Kilometer westlich von Racâș blüht im Frühling eine prachtvolle Wiese voller Narzissen, die Poiana cu Narcise de la Racâș.

36 Der japanische Garten in Klausenburg

Reise vom Profanen zum Sakralen

Cluj-Napoca, die zweitgrößte Stadt Rumäniens, gilt als die inoffizielle Hauptstadt Transsilvaniens. Sie ist die führende Finanz- und Geschäftsmetropole des Landesteils und besitzt mit der Babeș-Bolyai-Universität die Hochschule mit der längsten akademischen Tradition, die immerhin bis ins Jahr 1581 zurückreicht. Für alle, die einmal eine Verschnaufpause von der geschäftigen Großstadt benötigen, lohnt ein Ausflug ins ruhige, versteckte Herz im Süden der Stadt.

Dieses Herz schlägt in einem ruhigen Rhythmus, den der Gründer des Gartens, der Universalgelehrte Sámuel Brassai, wohl bereits 1872 im Sinn hatte, als er die japanischen Eingangstore errichten ließ. Traditionell gelten die markant in Zinnoberrot lackierten hölzernen Torii-Eingänge als Durchgang vom geschäftigen Treiben der profanen, kommerziellen Welt in jene der Ruhe und Besinnung. Neben dem heiligen Torii steht das an einem kleinen See gelegene, mit Glyzinien umgebene Teehaus im Mittelpunkt des japanischen Gartens.

Eine japanische Bogenbrücke, die zu einer kleinen Insel führt, Laternen, ein Steinbrunnen und ein reich verzierter Holzpavillon komplettieren das fernöstliche Bild. Der akustische Reiz zweier kleiner Wasserfälle lockt die Besucher zum Pagodenbaum *(Ginkgo biloba)* am Eingang des japanischen Pavillons, der von Magnolien, Hortensien, Pfingstrosen und Chrysanthemen umgeben ist.

Viele Besucher zieht es in die großen Gewächshäuser, das Aquarium und den 16 Meter hohen Palmengarten, zumal sie hier eine der größten Seerosen der Welt sehen können. Bevor man den Park verlässt, sollte man unbedingt das Schmetterlingshaus besuchen, die Römischen Gärten ins Auge fassen und den Wasserturm besteigen. Er bietet nicht nur einen schönen Panoramablick auf den botanischen Garten, sondern auch auf das geschäftige Cluj-Napoca, das aus der Ferne ganz friedlich und ruhig anmutet.

Adresse Grădina Botanică »Alexandru Borza«, Strada Republicii 42, Cluj-Napoca 400015 | Tipp Ein weiterer ruhiger Ort in Cluj ist der an einem See gelegene, mit mächtigen Kastanienbäumen ausgestattete Park Simion Bărnuțiu westlich des Stadtzentrums am Fluss Someșul Mic.

37 Der Kachelmacher von Michelsberg

Wege zur Seele Siebenbürgens

Mit einem tüchtigen Schuss Humor ausgestattet sind die Geschichten, die der Siebenbürger Sachse Michael Henning in seiner Kachelwerkstatt zu erzählen hat. Wenn er über den arbeitsaufwendigen Entstehungsprozess der Keramiken und deren traditionelle Motive spricht, kommt man aus dem Staunen kaum heraus. Denn die Kachelmotive selbst, so Henning, erzählen die spannendsten Geschichten und halten mitunter sogar Predigten. Zum selbst gebackenen Hanklich, dem typisch siebenbürgischen Blechkuchen, berichtet Michael Henning von der Geburt, der Blüte des Lebens und dem Tod. Im Gegensatz zum sich von Dorf zu Dorf veränderten Kuchenrezept variieren die siebenbürgisch-sächsischen Motive der Ofenkacheln kaum. Sie kamen im 17. Jahrhundert aus dem Orient, wie das Symbol des Lebens, die Tulpe, die bald ganz Europa erobern sollte und zeitweise – als Zwiebel – einen kaum bezahlbaren Wert erlangte.

Jede Kachel transportiert eine Botschaft. Herabhängende Blätter als stilisiertes Motiv der Vergänglichkeit. Kontrastiert von jungen Knospen und dem Granatapfel, der aufgrund seiner vielen Samen als Symbol der Fülle gilt. Eine kleine Predigt verbirgt sich im Motiv der Traubenherzen, einer Metapher für das Abendmahl, und dem Tannenzweig, der immergrünen Ewigkeit. Im Mittelpunkt steht die Kachelfarbe Blau, die Farbe der Hoffnung. Mit der aus Kobalt gewonnenen Farbe lassen sich feine Striche malen, da die Farbe nicht ausfließt. Kein Wunder also, dass dieser Farbton, als Inbegriff von Reinheit und Brillanz, in den siebenbürgischen Häusern dominierte.

In der Keramikwerkstatt hängt eine einst neben einem Kachelofen gefundene Trompete. »Das Geschenk eines Kunden«, so der Kachelmacher, »überhört man nicht. Wie auch wir nicht überhört werden wollen. Wir Sachsen stehen mitten im Leben und werden unsere Traditionen nicht aufgeben.«

Adresse Michael Henning, Strada Valea Argintului 150, Michelsberg/Cisnădioara 555301, Tel. +40/269561646 | **Tipp** Nicht verpassen sollte man die Michelsberger Burg. Jeder junge Mann, der heiraten wollte, musste früher einen dicken, runden Stein zur Burg hochrollen, der im Verteidigungsfall verwendet werden konnte. Familien bewahrten ihren Schweinespeck in der Burg im Speckturm auf, um im Falle von Belagerungen überleben zu können.

38 Das Kalenderschloss

Goldige Art, einer Zarentochter den Hof zu machen

Im kleinen Ort Zau de Câmpie steht mitten in der siebenbürgischen Heidelandschaft ein wirkliches Kuriosum. Das unter Denkmalschutz stehende Schloss wurde von Baron István Ugron 1911 nach den Prinzipien eines Kalenders erbaut. Die unfassbare Zahl von 365 Fenstern steht für die Anzahl der Tage im Jahr. Die vier Türme stehen für die vier Jahreszeiten. Sieben Terrassen und zwölf Säle repräsentieren schließlich die Wochentage und Monate. Last, but not least könnte man exakt 52 Zimmer besichtigen – oder jede Woche im Jahr vorbeischauen, um jeweils ein Zimmer zu inspizieren. Dieses hübsche Zahlenspiel klingt nach einem verspielten Märchenschloss, und so sieht das im neugotischen Stil errichtete Prachtstück tatsächlich auch aus.

Natürlich steht hinter dem ganzen Aufwand und all den Zahlenspielen auch eine Geschichte. Wie so oft geht es um die Liebe, in dem Fall die des Barons István Ugron, seinerzeit österreichisch-ungarischer Botschafter in Russland, zu einer der Töchter von Zar Nikolaus II.

Um ihr seine Liebe (und seinen Reichtum) zu beweisen, wollte er den Hof des Schlosses mit russischen Goldmünzen pflastern. Doch die Zarentochter merkte, nachdem der halbe Hof gepflastert war, an, es sei wohl respektlos, auf die münzgeprägte Zarenkrone zu treten. Sie bat um einen zusätzlichen Fußweg aus reinem Gold, was Baron Ugron allerdings finanziell nicht erfüllen konnte. So musste er leider darauf verzichten, ihr goldig den Hof zu machen.

Mittlerweile aber räumen die Bewohner in Zau de Câmpie ein, dass es sich bei der mündlich tradierten Geschichte auch um eine böswillige Legende handeln könnte. Denn von allen vier Zarentöchtern sollte nur die Großfürstin Olga (Olischka) Romanowa nach Rumänien verheiratet werden. Die Hochzeit fand jedoch nie statt. Denn Olga hasste ihren Gatten, den König von Rumänien, Karl II. von Hohenzollern-Sigmaringen.

Adresse Strada Parcului 10, Zau de Câmpie 547660 | Tipp Die Heidelandschaft in Zau de Câmpie hat eine der größten botanischen Sensationen Europas zu bieten, denn auf unserem Kontinent blühen die Steppenpfingstrosen nur dort.

39 Die Kapitolinische Wölfin

Römische Geschenke

Wenn Rumäninnen und Rumänen nach Italien fahren, sei es zur Arbeit oder in den Urlaub, können sie sich dort bereits nach kurzer Eingewöhnungszeit meist mühelos mit den Einheimischen unterhalten. Die beiden romanischen Sprachen Rumänisch und Italienisch sind nicht nur eng miteinander verwandt, sie liegen auch klanglich nah beieinander. Mehr als 70 Prozent des Italienischen ähnelt dem rumänischen Wortschatz. Wörter wie Meisterwerk, italienisch *capodopera* – rumänisch *capodoperă*, und Hoffnung, italienisch *speranza* – rumänisch *speranță*, sollen an dieser Stelle mit ihrer fast gleichen Aussprache als Beispiele dienen.

Da selbst der Landesname România an das einstige Römische Reich erinnert, sah sich die Stadt Rom ermutigt, die gemeinsame Verbundenheit der beiden Länder durch passende Geschenke zu bestärken. So darf es Besucher Transsilvaniens nicht verwundern, wenn sie in den Städten Cluj-Napoca, Brașov, Turda, Alba Iulia und einigen weiteren auf das gleich aussehende Denkmal einer Wölfin mit zwei kleinen Menschenkindern treffen. Alle diese Statuen sind getreue Kopien des Denkmals, das vor dem Kapitol in Rom zu sehen ist.

Im Jahr 1924 wurde auch in Târgu Mureș die »Lupoaica«, die »Kapitolinische Wölfin«, samt den Zwillingen Romulus und Remus enthüllt.

Im Zweiten Weltkrieg begaben sich dann nicht nur große Teile der rumänischen Bevölkerung, sondern auch die nach einem Modell des Bildhauers Ion Schmidt-Faur geschaffene Wölfin aus Târgu Mureș auf die Flucht, weil eine rumänische Protestbewegung an ihr ein Exempel gegen das faschistische Italien statuieren wollte. Zur Sicherheit wurde sie ins nahe Turda gebracht und lagerte sodann erst einmal jahrzehntelang im Chemiekombinat Târnăveni. Nach einer notwendigen kosmetischen Behandlung, von Zement und Staub befreit, steht sie seit dem 30. November 1991 auf dem Sockel vor dem Verwaltungspalast in Târgu Mureș.

Adresse Piața Victoriei 2, Târgu Mureș 540026 | Tipp Ebenfalls am Piața Victoriei befindet sich der Kulturpalast mit beeindruckenden Mosaiken und einer sehr sehenswerten Dauerausstellung zur Historie und Kulturgeschichte der Stadt. Führungen sind möglich.

40 Der Karpatensafran

Zwillingsschwestern, die sich nie begegnen

Zu den ersten und schönsten Frühlingsboten der Karpaten zählen die lila leuchtenden Krokusse. Die ersten zarten Blütenkelche strecken sich der Sonne am Rande der schmelzenden Schneefelder entgegen. Auf einigen Hochlagen des Fogarascher und des Apuseni-Gebirges erblickt das Auge zwischen März und Mai, wenn die Sonne den Bergen die weißen Schneekappen endgültig vom Kopf zieht, nichts weiter als einen purpurnen Blütenteppich.

»Brânduşa de munte« wird diese aus der Familie der Schwertliliengewächse *(Iridaceae)* stammende Schönheit in Rumänien genannt. Doch der Volksmund kennt sie auch als Zistrose, Berg-Sauerampfer oder Safran. Über 80 Arten der Gattung Krokus gibt es in Mitteleuropa. Wobei bereits der Siebenbürger Herbst-Krokus verdeutlicht, dass es neben dem Frühlingsboten auch einen giftigen Verwandten gibt, der erst im Herbst erscheint.

Während man in der transsilvanischen Volksheilkunde den ersten Krokus, den man im Frühling findet, roh verzehrt, um einer Erkältung vorzubeugen, und aus seinen Blütenblättern Frühlingskonfitüre zaubert, wurden die giftigen Samen und Zwiebelknollen des Herbstkrokus seit jeher als schmerzlinderndes Wundheilmittel verwendet.

Weitgehend unbekannt ist die hübsche Legende, die sich in Transsilvanien um die Frühlings- und die Herbstkrokusse rankt. Demnach waren sie einst schöne Zwillingsschwestern, die von ihrer Stiefmutter in die Kälte geschickt wurden. Eine Schwester musste das Haus bereits im Frühjahr verlassen, während ihre Zwillingsschwester im Herbst verjagt wurde. Als Gott die beiden Schwestern frierend und verzweifelt sah, verwandelte er sie in Blumen. Die Blume, die im Frühling blüht, gilt als Symbol für das Leben, die im Herbst blühende als Symbol für die Toten. Seit die beiden Mädchen in Krokusse verwandelt wurden, sind sie – so die Legende – auf der beständigen Suche nacheinander, ohne sich jemals zu begegnen.

Anfahrt zum westlichen Ende der Fogarascher Gebirgskette und weiter zum Turnul Roşu, dort auf dem markierten Weg, der zwischen Chica Pietrelor und Chica Fedeleşului auf einen Kammweg stößt, hinauf zur Rosenspitze, die man in vier Stunden zu Fuß erreicht | **Tipp** Auf der Rosenspitze finden sich im Frühjahr jede Menge Alpenrosen, denen die Kammhöhe ihren Namen verdankt.

41 Die Käsemanufaktur

Talent trifft Leidenschaft

Die Gemeinde Cund (deutsch Reußdorf) erreicht man von Süden, von Mediasch oder Schäßburg, nur über eine abenteuerliche Waldstrecke. Das soll auch so bleiben, denn Schnellstraßen möchte man im geruhsamen Ort mit knapp 180 Einwohnern nicht haben. Wenn die Touristen wüssten, dass sich nahe dem wunderschönen Resort Valea Verde, im zwischen Hügeln, Weinreben und Sonnenblumenfeldern gelegenen Dorf, auch eine der besten Käsereien Transsilvaniens befindet, kämen sie mit Sicherheit scharenweise.

Bereits am Morgen versammeln sich auf den Bänken gegenüber der evangelischen Kirche, direkt vor der Käsemanufaktur (Manufactura de Branză), Männer und Frauen zum Plausch, zum Kaffee und auch zu Käse-Verkostungen. Denn István Vargas verteilt gern seine neuesten Kreationen, die er frisch vom Laib geschnitten präsentiert. Zartbitterkäse mit grünem Pfeffer zum Beispiel – oder mit Linde, Schokolade oder Chili verfeinerte Leckerbissen. Auch einen Hartkäse nach Schweizer Rezeptur mit in Cognac getränkten Nüssen hat er im Angebot.

Die außergewöhnlichen Kompositionen haben sich mittlerweile in Transsilvanien und darüber hinaus herumgesprochen. Denn Käse mit in Wein gereiften Nüssen kannte man hier bislang nicht. Vielmehr wurde der einheimische Käsemarkt von Frischkäse wie Telemea und Urdă oder aber Schafskäse dominiert.

István, der Käse-Flüsterer, der seine Gäste wahlweise in fließendem Rumänisch, Ungarisch, Deutsch oder Englisch begrüßt, wagte den Schritt aufs Land wegen der Qualität des Ausgangsprodukts. Denn der gereifte Bergkäse aus seiner Käserei, den man bisher eher als typisches Produkt aus den Alpenregionen der Schweiz kennt, spiegelt die Qualität der Milch wider. »Das ist das eigentliche Geheimnis, nicht auf Quantität, sondern auf Qualität zu setzen«, sagt István und reicht seinen Gästen lächelnd frisches Brot, Camembert oder ein Stückchen Lavendelkäse.

Adresse Manufactura de Branză, Strada Principală 137, Cund 547057; aktuelle Infos: manufacturadebranza.ro | Anfahrt von Süden über Dumbrăveni; von Norden: Abfahrt Idrifaia, über die 151B | Öffnungszeiten Die Käserei ist täglich für Besucher geöffnet. | Tipp In der Dorfkirche, die von der Käserei aus gut zu erkennen ist, wurden Fresken entdeckt. Informationen dazu im Valea Verde Retreat, Strada Principală 118–119.

42 Der Keramiker von Saschiz

Die Sgraffito-Technik des Marinel Györfi

Die Erbauer des Turms der Kirchenburg in Keisd, dem rumänischen Saschiz, orientierten sich unverkennbar am Stundturm in Schäßburg. Die seit 1999 zum UNESCO-Weltkulturerbe zählende Kirche steht prächtig und kolossal direkt an der Durchfahrtsstraße des Orts. Diejenigen, die zum ersten Mal im ehemaligen Marktflecken Keisd an der Kirche mit dem markanten Turmhelm vorbeifahren, steigen nicht selten spontan in die Bremsen, um auf den Parkplatz zu fahren und sich das Wunderwerk aus der Nähe anzuschauen.

Unweit der wuchtigen Wehrkirche finden sich auch Saschizer Wunder ganz anderer Art. Feine, zerbrechliche Wunder aus blauer Keramik. Gegenüber dem Turm auf der anderen Straßenseite windet sich ein kleiner Weg ohne Namen zwischen den Häusern hindurch. An einem Bauernhof und einer Wiese vorbei kommt man zu einer rechtsseitig gelegenen, etwas versteckten Töpferwerkstatt. Der junge Kunsthandwerker Marinel Györfi, der dort seine einmaligen Keramiken erschafft, hat eine Technik wiederbelebt, die im späten 18. Jahrhundert bei den Töpfern von Saschiz sehr beliebt war. Für seine traditionelle Saschizer Blaukeramik verwendet Marinel das Sgraffito, eine alte Kratztechnik, bei der die aufgetragenen Farbschichten teilweise wieder entfernt werden, um Ornamente und Motive zu schaffen.

»Die Sgraffito-Technik erinnert ein wenig ans Schnitzen«, sagt Marinel mit einem Lächeln. Dann knallt er einen Klumpen Ton auf die Drehscheibe, knetet und zieht völlig versunken eine Form nach oben. Wie durch Zauberei scheint ein Gefäß unter seinen Händen in die Höhe zu wachsen. Dann wendet er sich einem Teller zu und führt vor, wie er einen Hahn aus der blauen Unterglasurschicht herauskratzt. »Das fordert meine volle Konzentration, ich kann bei der Arbeit an nichts anderes denken«, sagt er, »noch nicht einmal an Mädchen, weil sonst alles völlig aus der Form gerät.«

Adresse Keramik-Atelier Marinel Györfi, Saschiz 547510 | Tipp Sehenswert ist die Keisder Burg aus dem Jahr 1343. Im Ort ist die auf einem Hügel im Südwesten stehende Burg gut ausgeschildert.

43 Die Kirchenburg in Großkopisch

Erhalt und Bewahrung des Erbes

Fernab der großen Verkehrsadern liegt der idyllische Ort Großkopisch in einem Seitental der Großen Kokel. Im über Jahrhunderte von Siebenbürger Sachsen geprägten Dorf, das auf Rumänisch Copșa Mare heißt, erstrahlt auf einem Hügel im Osten die Kirchenburg in neuem Glanz. Anfang der 1990er Jahre, nach der Auswanderung der Siebenbürger Sachsen, hatte sich niemand mehr um den schadhaften Glockenturm oder die alte Turmuhr gekümmert, die, einst in Deutschland hergestellt, über 80 Jahre ohne Pause in Betrieb gewesen war.

Dank Spenden und dem Engagement vieler Helfer wurden 10.000 alte Ziegel gegen traditionelle Biberschwanzziegel ausgetauscht und das Dach des Glockenturms erneuert. Auch die Turmuhr konnte durch die Reparatur eines Uhrmachermeisters aus Dresden 2019 wieder in Betrieb genommen werden. Die ehrenamtlichen Helfer Sabine Reither und Georg Fritsch werden oft in einem Atemzug genannt, wenn es um den Erhalt alter Kirchenburgen geht. Sabine Reither hat die Kirchenburg in Großkopisch auf einer Urlaubsreise entdeckt und engagiert sich in Zusammenarbeit mit der Stiftung Kirchenburgen und neuerdings auch mit dem Verein »Pro Groß Kopisch« für ihre Instandsetzung. Georg Fritsch engagiert sich seit über einem Jahrzehnt in Felldorf, dem Heimatort seines Vaters.

Zu den Vorteilen, die historischen Kleinode in Transsilvanien vor dem Zerfall zu retten, gehört auch die Bewahrung traditioneller handwerklicher Verfahren, die im Westen langsam verloren gehen. Es geht immer auch um den Schutz wertvoller Kulturgüter – von Skulpturen, Orgeln, Teppichen, wertvollen Altarbildern oder, wie im Fall der Kirchenburg in Großkopisch, der Turmuhr. Manchmal kommen bei der Restauration unverhofft alte Fresken oder andere Schätze zum Vorschein, wie der Fund von 300 spätmittelalterlichen Stollentruhen unter dem Dach der Kirche in Henndorf zeigt.

Adresse Kirchenburg in Großkopisch/Copșa Mare 557046, Tel. +40/731893772 | Tipp In der Gemeinde Felldorf gibt es ein Restaurationszentrum, in dem alte Verfahren der Handwerkskunst vermittelt werden. Schlüssel zur Kirchenburg: Jakob Elek, Haus 30. Tel. +40/746177490.

44 Die Kirchenburg in Viscri

Zeitreise mit dem Detektiv der Restauratoren

Wenn es um das Aufspüren verborgener Fresken in Kirchen oder alten Bibliotheken geht, gibt es wohl kaum einen besseren Kenner als den Restaurator Lóránd Kiss. Bei einem Besuch in seinem Heimatdorf berichtet er stolz über die sensationelle Entdeckung einer seltenen Kopie von Giottos Mosaik »Navicella« in einer fast zerstörten Kirche in Jelna, einem Dorf im Kreis Bistrița-Năsăud. Bislang kannte die Kunstwelt nur drei Kopien des Werks.

Doch auch in der Kirchenburg in Deutsch-Weißkirch, dem rumänischen Viscri, ist Lóránd Kiss fündig geworden. Die zum UNESCO-Weltkulturerbe gehörende Wehrkirche ist eines der kleineren Gotteshäuser Siebenbürgens, zählt aber aufgrund ihrer schönen Lage als Hügelburg zu den bekanntesten Bauwerken des Landes. Die kleine Kirche verschwindet fast vollständig hinter den mächtigen Wehrmauern. Anstelle eines ehemaligen hölzernen Wehrgangs findet man heute einen von einer Steinmauer begrenzten Gang, der von einem Schrägdach gedeckt wird und zu kleinen Kammern führt, in denen man die feuersichere Aufbewahrung von Korn und Speck vorführt. Ein in Teilen dieses Speichergangs eingerichtetes Museum gewährt Einblick in das Leben der damaligen Zeit. Unter anderem sind authentische Keramiken und Festtrachten zu sehen. Die Verwandtschaft der sächsischen Kopftrachten der Frauen zum flämischen Kopfschmuck des 15. Jahrhunderts fällt besonders ins Auge.

Zu all diesen bekannten Preziosen der Kirchenburg und jenem spätgotischen, aus vergoldetem Silber gefertigten Abendmahlskelch ist mittlerweile ein zuvor verborgener Schatz hinzugekommen. Im Oktober 2020 fand Lóránd Kiss unter den Farbschichten der südlichen Chorwand spätmittelalterliche Malereien. Stolz verkündet er: »Aus den freigelegten gotischen Elementen sowie aus der Technik der damaligen Künstler schließe ich darauf, dass diese Wandmalereien aus dem 15. Jahrhundert stammen müssen.«

Adresse Strada Bisericii 47, Viscri 507039 | Tipp 2006 kaufte der damalige Prinz Charles einen Hof im Dorf Viscri. Sein königliches Gästehaus heißt heute Besucher willkommen und lädt zum Übernachten ein. Tel. +40/374643007.

45 Der Kirschgarten der Hoffnung

Gedenken an das jüdische Leben in Kronstadt

Gleich neben der Synagoge in Brașov liegt ein hübscher Kirschgarten, der die Erinnerung an das jüdische Leben der Stadt lebendig halten soll. Traditionellerweise pflanzt man nach hebräischem Kalender am 15. Schevat ein Obstbäumchen. Denn an diesem Tag feiert man »Rosch ha-Schana La'illanot«, das jüdische Neujahrsfest der Bäume. Im Jahr 1994 wurde, wie in allen darauffolgenden Jahren, im Garten neben der Synagoge ein Kirschbäumchen gepflanzt. Die Bäume, die im Herzen von Kronstadt erblühen, tragen allesamt die Namen von Kindern der jüdischen Gemeinde, die die Bäumchen pflanzen dürfen. Für das christliche Jahr 2000, also das jüdische Jahr 5760, steht unter einem der Bäumchen der Name Samson Bianca. Für das Jahr 2018 beziehungsweise 5778 liest man auf einem Schild an der Wurzel des Kirschbaums die Namen Eszter und David. Es sind die jeweils jüngsten Kinder, die in Anwesenheit aller Mitglieder der Gemeinde an diesem Tag zu kleinen Gärtnern werden.

Neben dem Symbol, das durch die Bäume im Garten als Zeichen für die Hoffnung auf eine blühende Zukunft gesetzt wird, erinnert eine Tafel an der Neologe-Synagoge nebenan an die Vergangenheit der jüdischen Gemeinde in Kronstadt. Auf der Gedenktafel wird auf die Zeit des friedlichen Miteinanders verwiesen, in der Menschen jüdischen Glaubens in Transsilvanien Schulen gegründet, Rabbis ausgebildet und Synagogen gebaut haben, wie ebenjene im Zeitraum von 1898 bis 1901 im maurischen Stil erbaute Neologe-Synagoge.

Die Hoffnung und die durch die Bäume verkörperte blühende Zukunft im Garten der Synagoge stehen in direktem Kontrast zum historischen Leid, das die jüdischen Gemeinden Osteuropas erlitten haben. Ein großes Wandgemälde bringt diese Tragödie zum Ausdruck, indem es die systematischen Tötungen der Juden und verheerenden Pogrome in Mittel- und Osteuropa thematisiert.

Adresse Grădina Cireașa de pe tort, Strada Poarta Schei 29, Brașov 500020. Die Benennung des Gartens kann auch mit »Sahnehäubchen auf der Torte« übersetzt werden. | Tipp 100 Meter westlich der Synagoge befindet sich das Katharinentor, eines der schönsten Stadttore Siebenbürgens (Șirul Ludwig van Beethoven).

46 Das königliche Gästehaus

Der Luxus der samtgepolsterten Zarge

Die Verbundenheit des englischen Königs Charles III. mit Transsilvanien mag überraschend sein. Aber Claudine Rhédey von Kis-Rhéde, eine aus dem Kreis Mureș stammende transsilvanische Gräfin, war die Großmutter der britischen Königin Maria von Teck. Die mit sieben anderen Vornamen gewappnete, im Englischen Mary of Teck geheißene Dame wiederum war die Großmutter von Königin Elisabeth II. Somit kann Charles III. auf einen transsilvanischen Zweig in seinem Stammbaum verweisen. Durch diese Blutlinie, so versichert Charles III., wäre auch eine Verwandtschaft mit jenem Fürsten Vlad III. vorhanden, der zur historischen Vorlage für Bram Stokers Roman »Dracula« wurde.

Seine Liebe zu Transsilvanien und die Sehnsucht nach Authentizität, Schlichtheit und Ruhe führte das Oberhaupt des Vereinigten Königreichs immer wieder an den Karpatenbogen. Neben seinem Gästehaus in Viscri können Besucher mittlerweile auch ein inmitten von ausgedehnten Wäldern gelegenes königliches Gästehaus anmieten. Entdeckt hatte der damalige Prinz von Wales das abgelegene Kleinod auf einem fünfstündigen Spaziergang mit seinem Verwandten Graf Tibor Kálnoky. In der Unterkunft im völlig abgelegenen, nicht über asphaltierte Straßen zu erreichenden Örtchen Zalánpatak finden Besucher somit heute einen sehr privaten Rückzugsort. »*No visitors, just our guests! Thank you for your understanding!*«, steht an der hölzernen Rundpforte.

Auch das Zimmer selbst ist ein Ort der Stille. Kein TV, sondern alte Stiche und Jugendporträts von Elisabeth II. Eine behagliche Oase samt Warmhaltenische für eine Tasse Tee im alten Kachelofen. Neben handgewebten orientalischen Wandteppichen und dem märchenhaften Bett mit Wollmatratze gibt es ein weiteres interessantes Detail: In einer kleinen Tür findet sich im oberen Rahmen ein dicker, weicher Kopfschutz, den der 1,78 Meter große König ebenso zu schätzen weiß wie die Gäste.

Adresse King Charles III. Guesthouse, Zalánpatak 1, Valea Zălanului 527119, Tel. + 40/742202586 | Tipp Zu erkunden wären in der Nähe: ein Jagdschloss und die Hof- und Dorfschmiede von Barabás Gyuri in Miklósvár (Info: transylvaniancastle.com).

47 Kosmetik für die Seele

Ralucas Kräutergarten in Zalánpatak

Wenn man im Sommer den Kräutergarten von Raluca Olaru betritt und die Augen schließt, sind da zuerst die Lieder der Amseln zu hören. Als müsste der Duft der Pflanzen für Großstädter einen längeren Weg zurücklegen, ist er erst nach einigen Augenblicken und nur ganz zart zu spüren. Es ist ein Gemisch aus Lavendel, Rosmarin, Pfefferminze und Salbei. Den Duft von Kuhschelle und Färberdistel muss sich mancher Großstädter erst mühsam erschnuppern.

Raluca, die sich selbst scherzhaft als Kräuterhexe bezeichnet, wuchs in einer Familie auf, in der die Frauen Ärzte waren und sich vor allem mit traditioneller Medizin und Phytotherapie beschäftigten. Der gesamte manuelle Herstellungsprozess von Tinkturen, Salben und Ölen lag vom Pflücken der Heilpflanzen bis zum Endprodukt ganz in den Händen dieser Frauen. Genauso ist es auch heute noch, wenn Raluca die Ingredienzien für ihre Kosmetiklinie namens »Hodaia« zusammenstellt. Tinkturen, Seifen und Cremes rührt sie eigenhändig an.

Ihr Weg sah anfangs ganz anders aus, denn sie war Malerin und hatte Abschlüsse in Restaurierung und Denkmalschutz. Doch letztlich waren es die Pflanzen, die ihr Herz höherschlagen ließen. Medizinische und pharmazeutische Schulen in Deutschland gaben ihr ein Grundgerüst mit auf den Weg. Ihre Rückkehr nach Siebenbürgen hat auch damit zu tun, dass man hier eine breite Palette an Pflanzen vorfindet, die anderswo kaum mehr gedeihen. Raluca nimmt den Prachtband »Transylvania Florilegium« zur Hand und deutet auf die handkolorierte Clematis, die Königin der Kletterpflanzen, auf den Enzian mit seinen tonisierenden Bitterstoffen und auf die herzstärkende Christrose.

Wer die Kräuterfrau Raluca Olaru und ihren Heilgarten besucht, wird sicher nicht ohne etwas Duftendes fortgehen, so wie es auch dem damaligen Prinzen Charles ergangen ist, der ein Bartpflegeprodukt für seinen Butler mit auf den Weg bekam.

Adresse Der Heilpflanzengarten von Raluca Olaru befindet sich in Zalánpatak, dem rumänischen Valea Zălanului. Ralucas Haus ist das letzte Haus im Ort und etwas abseits des Weges, auf der rechten Seite, zu finden. Strada Principală 52, Zalánpatak 527119, Tel. +40/754355637, hodaia.ro/en | Tipp Führungen, Unterkünfte und Ausritte auf dem Pferd kann man im Ort unter events@kalnoky.ro buchen.

48 Der Krater von Racoș

Der ruhigste Vulkan Rumäniens

Vom gerade einmal eine Stunde von Brașov entfernten, mit Abstand schönsten Vulkankrater des Landes wissen selbst die meisten Rumänen nichts. Das liegt daran, dass er seine volle Schönheit erst von oben, also beispielsweise durch eine Drohnenaufnahme, preisgibt. Erst als die spektakulären Fotos des kreisrunden Kraters in den letzten Jahren durch die digitalen Medien verbreitet wurden, rückte das geologische Wunder ins Bewusstsein der Menschen.

»Willkommen auf dem Planeten Mars«, sagt ein Fremdenführer. Tatsächlich sieht die Erde hier ein wenig unirdisch aus. Ein paar tapfere Tannen im sandigen Boden, ansonsten karge, hohe Wände eines Vulkankraters aus gelblicher, rötlicher und schwarzer Erde.

Der Racoș ist etwa zwei Millionen Jahre alt und trotz dieser imposanten Zahl der jüngste Vulkan Rumäniens. Er war nie sonderlich aktiv und gilt auch heute als überaus ruhiger Vulkan. Ein glühendes Spektakel aus Rauch, Asche, Flammen und Sandsteinbomben hat es hier nie gegeben. Doch Vulkane verstehen sich eben nicht nur auf Ausbrüche, sondern wie der Racoș auch auf die ruhige Eleganz des langsamen Lavagleitens. Im Gegensatz zur Eruption bevorzugt dieser Vulkan die sogenannte Effusion. Wo kein großer Gasdruck vorherrscht, kann sich basaltische Lava entwickeln, und anstelle eines typischen Vulkankegels entsteht ein Plateauvulkan wie im vorliegenden Fall. Im Bauch des Kraters wurden lange Zeit Bimsstein-, Basalt- und Schlackenvorkommen abgebaut, bis der Vulkan schließlich zum Schutzgebiet erklärt wurde. Die Einwohner von Racoș, dem ungarischen Alsórákos und deutschen Ratsch, haben viele Häuser aus Bimsstein und sogar das Schloss aus dem Tuffstein des Vulkans erbaut.

Künftig soll um die Gemeinde Racoș ein Geopark entstehen. Er würde – neben dem Vulkan – mehrere Burgen und Kirchenburgen sowie ein Vogelschutzgebiet umfassen, in dem 500 Jahre alte Eichen zu finden sind.

Anfahrt Im Nordosten des Kreises Brașov (an der Bahnstrecke Teiuș–Brașov) liegt der Ort Racoș (507175), etwa 20 Kilometer östlich der Kleinstadt Rupea an der Kreisstraße (Drum județean) 131C. Von Racoș aus ist der Nationalpark gut ausgeschildert. | Tipp Etwa 20 Kilometer südöstlich von Racoș befindet sich die wunderbare Bärenhöhle, Peștera Bârlogul Ursului. Koordinaten: 45°59'29"N, 25°28'12"O.

49 Der Kulturpalast in Târgu Mureș

Schamanen und Storyteller

Obwohl viele Menschen täglich am großen Kulturpalast in Târgu Mureș vorbeigehen oder eine Vorstellung im Konzertsaal besuchen, wissen die meisten kaum etwas über die Schätze, die sich darin verbergen. Der Kulturpalast gilt als Juwel des ungarischen Jugendstils. Bereits mit dem Betreten der großen Eingangshalle findet man sich in einem prachtvollen Art-déco-Spiegelsaal wieder. Bevor man sich im Kulturpalast mit der Majolika-Kunst, der zinnglasierten italienischen Keramik aus dem 15. Jahrhundert, beschäftigt oder die Dauerausstellung zum Komponisten Franz Liszt (ungarisch Liszt Ferencz) besucht, lohnt das Verweilen in ebenjenem Spiegelsaal.

Der bedeutendste Künstler des ungarischen Jugendstils heißt Aladár Körösföi-Kriesch. Er arbeitete an der Ausschmückung und vollendete seine monumentalen Fresken im Jahr 1902. Seine Gemälde »Wisentjagd« und »Fischfang am Plattensee« führten zu heftigen Debatten im Parlament. Ein Abgeordneter protestierte mit einer Regierungsanfrage gegen die »blauen Pferde« und »kupferhäutigen Indianer«. Heute jedoch gilt die Arbeit des Künstlers als wegweisend und visionär. Er ist im Spiegelsaal gleich mehrfach vertreten. Sein Fresko »Szekler Volkserzählungen« (links im Eingangsbereich) zeigt eine blau gekleidete Geschichtenerzählerin, die von zahlreichen lauschenden Menschen umgeben ist. Der Künstler lässt auch den damaligen Innenminister Gábor Ugron aufmerksam zuhören. Es handelt sich um den Mann mit Schnurrbart rechts, der hinter den Engeln steht.

Das bedeutendste Fresko ist unweit davon zu finden und heißt »Táltosok« oder »Der Tanz der Schamanen«. Es zeigt eindrucksvoll eine schamanische Opferung. Ein Gemälde, das auf einem alten Szekler Volksmärchen beruht. Der Schamane (ungarisch Táltos) im Zentrum wird von Priestern und Priesterinnen beim magischen Ritual begleitet.

Adresse Kulturpalast (Palatul Culturii) am Piața Victoriei, Ecke Strada George Enescu, Târgu Mureș 540052 | Tipp In Sichtweite, ebenfalls am Piața Victoriei, erhebt sich der Turm des Rathauses. Davor ist die imposante römische Wölfin mit den säugenden Zwillingen Romulus und Remus zu sehen.

50 Die Kupfermine Roșia Poieni

Die tiefe Wunde am offenen Herzen der Natur

Die Berglandschaft des Apuseni zählt sicherlich zu den schönsten in ganz Rumänien. Doch leider hat sie nicht nur touristisches, sondern auch wirtschaftliches Potenzial. Schließlich befinden sich hier einige der größten Gold- und Kupfervorkommen in Europa. Archäologische Untersuchungen mittels Radiokarbonmessungen haben ergeben, dass die Daker nahe Roșia Poieni und Roșia Montană im Kreis Alba bereits vor 2.300 Jahren Gold abgebaut haben. Für die Römer war das Dakische Reich eine Fundgrube, um ihren Hunger nach Edelmetallen zu stillen. Um 1630 suchte auch Paracelsus erwiesenermaßen in den »Bergen am Goldfluss Arieș« nach Gold, Arsen und Kupfer.

Letztlich fiel die Natur zwischen Roșia Montană und Lupșa den größenwahnsinnigen Projekten der kommunistischen Zeit zum Opfer. Ganze Dörfer verschwanden, weil die Regierung künstliche Seen mitten in Naturschutzgebieten anlegte, um giftige Rückstände der Kupferminen ableiten zu können. Sichtbarstes Zeichen der apokalyptischen Absurdität ist das ursprünglich so malerische Dörfchen Geamăna am Rande des Apuseni-Gebirges. Rund 400 Familien wurden 1970 gezwungen, ihre Häuser zu verlassen. Heute erinnert nur doch der aus dem See ragende Kirchturm an die ehemalige Idylle.

Malerisches Siebenbürgen – das bedeutet im Herbst »Indian Summer« pur. Strahlende Farben an den Bäumen, doch im Wasser spricht das leuchtende Rotbraun des Kupferabbaus eine andere Sprache. Die Gier der Bergbaugesellschaften hat Wunden wie jenen stufenförmigen Steinbruch bei Roșia Poieni hinterlassen. Der Trichter hat mittlerweile eine Tiefe von 360 Metern. Die 24 fünfzehn Meter hohen Stufen sind Ausdruck der Gier. 65 Prozent des gesamten Kupfervorkommens Rumäniens liegen noch unter der Erde – 900.000 Tonnen, was auch für die nächsten 20 Jahre blendende Geschäfte verspricht – auch wenn dabei die Natur zugrunde geht.

Anfahrt Der Kupfertagebau Roșia Poieni (Poieni 607513) liegt 90 Kilometer nordwestlich von Alba Iulia und sieben Kilometer südlich des Flusses Arieș in der Gemeinde Lupșa. | Tipp In der Gemeinde Roșia Montană (517615), in der die kanadische Firma Gabriel Resources gern 300 Tonnen Gold mittels giftigem Zyanid fördern möchte, gibt es einen uralten Stollen und ein sehenswertes Bergbau-Museum (Muzeul Mineritului, Strada Minei 1).

51 Lacul Roșu

Der durch ein Erdbeben entstandene Bergsee

Um den Roten See, den größten natürlichen Stausee und Bergsee in Rumänien, ranken sich zahllose Legenden. In allen Variationen wird durchgespielt, wie zwei Liebende, von ihren Eltern mit einem Fluch bedacht, durch riesige Felsbrocken erschlagen wurden und ihr Blut den legendären See auf alle Zeiten rot färbte.

»Alternative Fakten« würde man diese Legendenbildung heute nennen, da man nämlich sehr genau datieren kann, wann sich das Gewässer im äußersten Nordosten Transsilvaniens gebildet hat und wodurch es tatsächlich rot eingefärbt wurde. Auch die zahlreichen Baumstümpfe, die gespenstisch aus der Oberfläche des Sees ragen, lassen sich sehr exakt auf das Ereignis vom 23. Januar 1838 zurückführen. Um 18.45 Uhr bebte im Landkreis Harghita in den Ostkarpaten am Fuß des Bergs Hășmașul Mare die Erde mit einer Stärke von 6,9 auf der Richterskala. Auf 1.000 Metern Höhe kam es zu einem gigantischen Erdrutsch, bei dem ein ganzes Dorf verschüttet wurde. Nicht ohne Grund trägt der rote See auf Ungarisch heute den Namen Gyilkos-tó – Mördersee. Der Erdrutsch und der dadurch ausgelöste Talverschluss sorgten für den überschwemmten Wald, dessen Baumstümpfe heute noch wie stumme Zeugen der damaligen Katastrophe aus dem See ragen. Eine äußerst seltene Naturattraktion in Europa. Die rote Farbe des Sees ist natürlich nicht auf die damals mitgerissenen Tiere und Menschen und auch nicht auf das Blut der Liebenden, sondern auf den hohen Gehalt der roten eisenoxidhaltigen Erdschichten zurückzuführen, die damals reichhaltig in den See geschwemmt wurden.

Gespeist wird der See von vier großen Bächen und zwölf nur im Winter existenten Wasserläufen. Trotz des für Transsilvanien typischen morbiden Namens Mördersee und der tragischen Geschichte bietet das gesunde subalpine Mikroklima den Besuchern heute ausgerechnet das genaue Gegenteil, nämlich Gesundheit und Entspannung.

Adresse Der See liegt unübersehbar an der Straße 12C, in der Gemeinde Lacul Roșu, 26 Kilometer nordöstlich von Gheorgheni (535500) im Bezirk Harghita. | Tipp Ganz in der Nähe befindet sich eine wunderschöne Felsenschlucht, die Bicaz-Klamm.

52 Leinwände und gewebte Geschichten

Der ganze Stolz von Mândra

In einem Museum im Dorf Mândra im Fogarascher Land wird unter anderem die Geschichte eines kleinen Weberschiffchens erzählt, das einst aus dem siebenbürgischen Dorf eine Reise um die Welt angetreten hat. Kein Märchen, sondern die wahre Geschichte einer Abenteuerreise. Das Schiffchen des Handwebstuhls ist auf historischen Postkarten aus Rio, Tokio und New York zu sehen.

Die Reise des Weberschiffchens bezieht sich auf die frühen 1900er Jahre, als Bewohner des Orts nach Übersee fuhren, um Geld zu verdienen. Sie blieben ein Jahr lang in den Vereinigten Staaten und reisten dann sechs Monate zurück nach Mândra, um mit 1.000 Dollar ein kleines Steinhaus in Transsilvanien zu bauen.

Heute werden in diesem ersten »amerikafinanzierten« Haus die Abenteuer all der wagemutigen Aussiedler erzählt. Das kleine Museum ist auch ein Kulturzentrum, in dem Webstühle, Postkarten, Fotos, Poster und Schiffstickets sich zu Geschichten verbinden. Geschichten wie die des Schiffs »Carpathia«, das einige Passagiere der »Titanic« aus dem eisigen Meer gerettet hat. Auch Träume werden erzählt, wie der einer Dorfbewohnerin, die mit ihrer Webkunst in Übersee Geld verdienen wollte, um anschließend auf einem Schiff alle vier Weltmeere zu bezwingen.

Übersetzt bedeutet der Name des Orts Mândra »Stolz«. Erzählt werden im Museum die Geschichten von stolzen Menschen auf ihrem Weg ins gelobte Land und ihre mitunter demütigenden Heimfahrten. »Das ganze Dorf ist heute stolz auf sein kulturelles Erbe«, sagt Alina Zară, die gemeinsam mit ihrer Schwester Ioana die Ausstellungen betreut. Das Haus sei aber mehr als ein Museum. Es sei auch ein Ort der Begegnung und des Webens zum Beispiel. Auch in den letzten Jahren suchen übrigens wieder viele junge Menschen aus Mândra in der Ferne ihr Glück und senden Postkarten-Grüße in ihre Heimat.

Adresse Muzeul de Pânze și Povești, Strada Principală 241, Mândra 507125, blog.mandrachic.ro; einfach den Hinweisschildern im Ort folgen oder nach dem Haus von Ruța, Alina und Ioana Zară fragen | Öffnungszeiten auf Anfrage unter Tel. +40/784/222482 | Tipp Nördlich von Mândra ist in Șona (517755) eine fotografische Dauerausstellung über die ehemaligen Dorfbewohner zu sehen.

53 Der Lichtmagier

Erkenntnisse im Funkenregen

Es gibt wahre Zauberkünstler unter den Schmieden des Szeklerlands, wie zum Beispiel Barabás Gyuri Bácsi. Der Schmied des Grafen Tibor Kálnoky aus Miklósvár vermag fingernagelgroße Hufeisen zu schmieden, die er zu Ostern tatsächlich als Verzierung auf die Eier nagelt.

Der Schmied Nagy György aus Tălișoara hingegen ist ein Magier des Funkenregens, den er dem Roheisen mit rhythmischen Schlägen entlockt. Der Schmied greift das glühende Eisen aus der Esse, bringt es zum Amboss und sagt, man solle ab dem siebten Schlag genau hinschauen. Anfangs, während der ersten Schläge, stieben nur wenige Funken über den Amboss. Doch dann steht man plötzlich vor einem wahren Funkenregen. So als zaubere er mal eben eine Spiralgalaxie aus Goldstaub unter seinem Hammer hervor. Bislang vermochte niemand dieses Funkenwunder-Feuerwerk fotografisch festzuhalten. Die Fachzeitschrift »Hephaistos« fokussierte sich auf die kunstfertigen schmiedeeisernen Skulpturen und Tore von Nagy György, die vielfach im Ausland ausgezeichnet wurden. Bereits das Tor seines Hauses ist ein handwerkliches Wunder. Im Szekler-Museum in Sfântu Gheorghe ist eine seiner Balustraden zu sehen und am Eingang des Schlosses Daniel in Tălișoara ein prächtiges Tor.

Sein Handwerk hat Nagy György von seinem Vater erlernt. Es ist also die Werkstatt seiner Kindheit. An der Rückseite seines Hauses zeigt er Besuchern gern die Rekonstruktion einer Schmiedewerkstatt aus alten Zeiten. Alle Werkzeuge und Maschinen, die hier zu sehen sind, hat er von seinen Vorfahren geerbt oder selbst hergestellt. Nagy György bietet auch Workshops an, in denen er dekorative Elemente herstellt. Alles, was er an Werkzeugen benötigt, hängt in der an ein Museum erinnernden Werkstatt pittoresk an der Wand. Doch er benötigt nicht viel, das Wichtigste für seine Arbeit seien die Augen, die Hände und gelegentlich die Ohren, sagt er.

Adresse Schmiede von Nagy György, DJ131 34, Tălișoara 527058, Tel. +40/727859559 | Tipp Barabás Gyuri Bácsi findet sich in Miklósvár, rumänisch Micloșoara, 195. Das Schloss (Castelul Kálnoky) ist an der Hausnummer 201.

54 Der Löffelmacher von Sighișoara

Geschichten, die das Holz erzählt

Wenn Mark Tudose, den man in Schäßburg auch schlicht »The Spoonman« nennt, anfängt, Geschichten zu erzählen, dann haben sie fast immer mit seinem liebsten Essbesteck zu tun. Als Löffelmann berichtet er vom Brauch, wie man früher Braut und Bräutigam bei der Hochzeit Honig aus zwei Holzlöffeln reichte. Keine gewöhnlichen Löffel waren das, sondern aus einem einzigen Stück Holz geschnitzte. Die beiden Griffe waren hölzern verbunden und mit einer ebenfalls aus Holz geschnitzten Kette verziert. Die Herstellung dieser Schnitzerei, so Tudose, erforderte großes handwerkliches Geschick und Spezialwerkzeuge, die er auf seinen vielen Reisen zusammengetragen hat.

Mark Tudose hat seine Leidenschaft fürs Schnitzen von seinem Großvater geerbt. 2005 stellte er seine Löffelkunst auf einer Messe der örtlichen Handwerker in Schäßburg aus. Eine Gruppe Spanier kaufte die ganze Kollektion auf. Es war sein erstes Löffel-Geld, mit dem er ein bescheidenes Haus im Herzen der mittelalterlichen Zitadelle mieten konnte. Objekte, die keine Geschichte erzählen, sind für Mark unvollständig, denn er betrachtet seine Löffel gleichsam als Vermittler von Erzählungen und lebendige Zeugnisse der alten Handwerkskunst. »Holz hört auf das menschliche Herz und erzählt mir seine Geschichte«, sagt er. »Holz weiß, wie man seine eigenen Wurzeln suchen und finden kann.«

Seine Motive sind solche, die von Generation zu Generation weitergegeben werden. Die Eule, die Weisheit symbolisiert, und der Hahn als Symbol der Hoffnung, weil er den Tag ankündigt. Eine rumänische Legende wird von Mark Tudose auf einem Löffelstil in Kurzfassung erzählt. »Ich kitzele die Essenz heraus – das geht mit Lindenholz und Pflaumenholz sehr gut. Wenn ich schnitze, weiß ich nie, welche Farbe das Holz letztlich haben wird, wenn es unter meiner Hand aufblüht.«

Adresse Spoonman's Shop Casa Venetiana, Piaţa Muzeului 6 am Burgplatz, Sighișoara 545400, Tel. +40/745853109, mark.tudose@gmail.com | Tipp Der sehenswerte Schusterturm liegt quasi gleich um die Ecke, im Nordosten der Burg. Er ist der einzige Wehrturm mit einer Radiostation.

55 Die Lügenbrücke

Das Wahrzeichen von Hermannstadt

Die erste Gusseisenbrücke in Rumänien, die am 17. Dezember 1860 in Hermannstadt feierlich eröffnet wurde, war auch die erste Brücke ohne Pfeiler und Pylonen. Sicherheitshalber wurde das reich mit schmiedeeisernen Pflanzenornamenten, Rosetten und neugotischen Bordüren geschmückte Bauwerk am Vortag der Eröffnung einem 450-Zentner-Test unterzogen. Die Konstruktion hielt stand und wurde als »Lügenbrücke« zu einem Wahrzeichen der Stadt. An der Südseite der Zweiträgerbrücke ist das Hermannstädter Wappen angebracht, an der Nordseite erkennt man die Inschrift »1859« beziehungsweise »Friedrichshütte«. Ihre wichtigsten gusseisernen Teile stammen aus der Karlshütte in Vlăhița, in der Friedrichshütte in Filea wurden die Zierelemente gefertigt.

Im Archiv der deutschsprachigen »Hermannstädter Zeitung« findet sich in der Nummer 1/25 vom Februar 1968 auf Seite fünf ein sehr interessantes Foto. Das von Hans-Christian Gross stammende Bild zeigt die verschneite Brücke, die sich in ihrer Schönheit in nichts vom heutigen Schmuckstück unterscheidet. Allein die Bildunterschrift gibt einen Hinweis darauf, dass die Brücke nicht immer Lügenbrücke genannt wurde, sondern früher ganz offiziell den Namen Liegenbrücke trug. Auch der Begriff Liegebrücke ist überliefert, da sie die erste Widerlager-Brücke des Landes war, also nicht auf Pfeilern stand, sondern gleichsam auf ihren beiden Brückenufern auflag.

Vom Liegen zum Lügen war es – ähnlich wie im Englischen – auch in der sächsischen Mundart nicht weit, und so nannten die Siebenbürger Sachsen das Bauwerk bald Lügenbrücke. Der Legende nach würde sie unter Lügnern zusammenbrechen. Das Schöne jedoch ist: Die Brücke steht immer noch, egal, wer bisher darüberging. Doch die zweite, 1833 in Lugoj errichtete Gusseisenbrücke des Landes brach tatsächlich zwei Jahre nach dem Bau zusammen. Unter dem Gewicht einer Büffelherde.

Adresse Piaţa Mică, Sibiu 550182 | Tipp Nur ein paar Schritte von der Lügenbrücke entfernt befindet sich im Palais des Brukenthal-Museums, dem bedeutendsten Barockgebäude in Siebenbürgen, eine beeindruckende Sammlung von Gemälden der Renaissance, des Barocks und Rokokos (Pinakothek, Piaţa Mare 4–5).

56 Măgura

Das Juwel am Rand des Königstein-Gebirges

Von Brașov und Zărnești kommend, windet sich in den südlich gelegenen Karpaten ein inzwischen gut ausgeschilderter Weg durch einen Nationalpark hinauf ins wohl schönste Bergdorf Siebenbürgens. Wer aus dem dichten Wald in tausend Meter Höhe auf das ins Licht getauchte Bergplateau kommt, dem wird erst einmal der Kopf verdreht. Bei Sonnenschein erstrahlt die von Tannen, Fichten und Zirbelkiefern gesäumte Bergkulisse des Königstein-Massivs, das auf Rumänisch Piatra-Craiului-Gebirge heißt, als perfekte Postkartenidylle. Da die Zufahrtsstraße in die Streusiedlung Măgura bewusst nicht asphaltiert wird, um den traditionellen Dorfcharakter zu bewahren, passen auch die rasselnden Pferdefuhrwerke, die mit der Sense mähenden Bergbauern, die hübsche Dorfkirche und die Schafe wunderbar ins idyllische Bild.

Vor und nach dem Kirchgang versammeln sich die Einheimischen auf den urigen Holzbänken der am Berghang gelegenen Holzblechhütte »La Ciocolata«. Von hier bietet sich ihnen nicht nur eine spektakuläre Panoramasicht auf die Naturkulisse. Überraschenderweise hat die winzige Hütte, neben selbst gemachten Weinen und selbst gebranntem Pflaumenschnaps, auch edle Maltwhiskys und prämierte Apfelcidres im Angebot.

Natürlich haben auch Filmschaffende längst den Zauber von Măgura entdeckt. Neben zahlreichen Dokumentarfilmen auf Arte oder 3Sat (»Wunderbares Siebenbürgen«), in denen die Ökotourismus-Pioniere Hermann und Katherina Kurmes sich von Măgura aus auf die Spuren von Bären und Wölfen begeben, wurden auch Szenen des sehenswerten Films »Blutholz« im schönen Bergdorf gedreht.

Wer den Siebenbürger Zungenschlag beherrscht, wird übrigens in »Blutholz«, der den illegalen Holzeinschlag in den Karpaten zum Krimithema macht, erstaunt feststellen, dass Joachim Król und Désirée Nosbusch neben Rumänisch auch bravourös in Siebenbürgischem Sächsisch parlieren. Chapeau!

Anfahrt Măgura 507133. Von Zărnești kommend, ist das Bergdorf Măgura gut ausgeschildert. Eine fünf Kilometer lange Wald- und Schotterpiste führt durch den Nationalpark Piatra Craiului aufs Bergplateau. | Tipp Es empfiehlt sich eine Exkursion zur nahen Bärenbeobachtungsstation, eine Wanderung zur Burg Bran oder zur Fledermaushöhle »Peștera Liliecilor«. Buchbar in der Villa Hermani, Tel. +40/740022384 (deutschsprachig).

57 Das Mitgiftzimmer in Mera

Phantasievolle Ausstattung in der Region Kalotaszeg

Kalotaszeg ist eine weitgehend unbekannte Region in Siebenbürgen. Auf Rumänisch heißt das Gebiet Țara Călatei. In den 40 Dörfern mit hauptsächlich ungarischer Bevölkerung hat sich die Volkskunst in ihren vielfältigsten Formen erhalten. Seien es Tänze und festliche Bräuche oder, wie im Beispiel der Nachlasszimmer, phantastische Holzschnitzereien, Stickereien und Webarbeiten.

In Inaktelki, dem rumänischen Inucu, aber auch in Mera finden sich zahlreiche dieser farbenprächtigen Räume. Alle Möbel und Kleidungsstücke eines Mitgiftzimmers wurden für das heiratende Mädchen eigens angefertigt oder, wie im Fall von Anna-Nusi Kelemen, als Ensemble von vorigen Generationen hinterlassen. Die ältesten Aussteuertruhen und Schränke der Großmutter sind bereits über hundert Jahre alt. Doch nicht nur die handgefertigten Möbel stehen im Vordergrund. Die Mitgifttruhen sind reich gefüllt mit bestickten Kissen, Blusen, verzierter Bettwäsche und feinen Laken. Viele Eltern im Ort begannen bereits kurz nach der Geburt ihres Kindes mit der Vorbereitung und Befüllung des Mitgiftzimmers. Denn alle Wäsche, die Bettdecken und die Handtücher, wurde eigens von Hand gewebt und musste in mindestens zehnfacher Stückzahl in der Truhe vorhanden sein.

In den Tiefen der Truhen und Schränke verbergen sich heute zahllose unbezahlbare und einmalige Schätze. Die vorherrschenden Farben sind Grün, Weiß und Rot, als Nationalfarben der Ungarn, allerdings wurde Rot im Laufe der Zeit als Farbe der Liebe und des Lebens immer dominanter. Auf die Frage nach den im Zimmer vorhandenen Spiegeln sagt Anna, man wolle sich bei der Anprobe der schönen Blusen und des Kopfschmucks natürlich von allen Seiten sehen können.

Neuerdings können einige der Stücke auf Nachfrage auch käuflich erworben werden, doch üblicherweise werden sie weiterhin als Mitgift an die nächste Generation weitervererbt.

Adresse Anna-Nusi Kelemen, 204, Mera 407057 | Tipp Im Nachbardorf Inaktelki (rumänisch Inucu) gibt es ein weiteres Mitgiftzimmer bei Jancsi und Viola Gál, Strada Principală 13, Inucu 407011, Comuna Aghireșu, Județul Cluj-Napoca, Tel. +40/749355914.

58_Die Mocanița von Sovata

Die alte Salz-Dampflokomotive

In den Wäldern der Region Maramuresch ist die Dampflokomotive namens Mocanița längst legendär. Immer noch zischt und stampft die fauchende Schönheit die wilden Berge des Wassertals hinauf und hinunter und transportiert neben Holz auch zahlreiche Touristen. Mit der spektakulären Fahrt durch dunkle Wälder und entlang eines wilden Bergbachs können es andere Schmalspurbahnen in Rumänien kaum aufnehmen. Dennoch wird der berühmte Name Mocanița werbewirksam längst auch für andere Dampfrösser verwendet, die touristisch im Einsatz sind. In Câmpeni zum Beispiel, wo eine »Mocanița des Apuseni« stolz, aber einsam als alte, ausrangierte Dampflok am Ortsausgang gleich neben der Hauptstraße zu finden ist.

Wald-Schmalspurbahnen bestimmten in Transsilvanien bis Ende der 1990er Jahre das Bild der Forstwirtschaft. Personenverkehr gibt es seit 1898, als im Harbachtal ein 47 Kilometer langer Abschnitt von Schäßburg nach Agnetheln eröffnet wurde. Als eine der schönsten erhaltenen Strecken gilt heute die zwischen Băile Sovata und Câmpul Cetății. Leider gibt es die einstige Waldbahn nicht mehr. Aber eben doch noch jene Lok Nummer 764 052, die vom Frühjahr bis zum Herbst genügsam ihren Dampf ablässt. In ihrer Jugendzeit transportierte das Prunkstück Salz aus den Höhlen von Praid bis zum Handelsplatz Târgu Mureș.

Anstelle des weißen Goldes der Karpaten befördert die Dampflok nun Passagiere auf der 14 Kilometer langen Strecke. Ihre Kessel werden wahlweise mit Holz oder Kohlen beheizt, wobei die Lok ihr Wasser und ihren Brennstoff für die Dampferzeugung immer noch im angekoppelten Schlepptender mitführt. Die Vorräte für die Fahrgäste werden auf der Strecke gleich zu Beginn an einer kleinen Station aufgefüllt. Nur wenn es bergan geht, merkt man der mit vier voll besetzten Waggons ausgelasteten Salz-Lok ihr Alter an, denn an den Hügeln muss sie ein wenig kämpfen.

Adresse Die Lokomotive steht, wenn nicht in Betrieb, am Bahnhof von Sovata (545500), Strada Gara Mică 3. Fahrten April–Okt. täglich ab 10 Uhr, in der Nebensaison nur an Wochenenden. | **Tipp** In Sovata gibt es für Eisenbahnfreunde auch ein altes, unverwüstliches Viadukt zu sehen.

59_Das Narzissenfeld im Harbachtal

Von der Sonne wach geküsste Frühlingsboten

Wenn im Frühjahr in den Fogarascher Bergen noch Schnee um die Gipfel liegt, die Sonne aber bereits einen duftenden Narzissenteppich vor dem Ort Holzmengen im Harbachtal ausgebreitet hat, dann ist wohl die schönste Zeit, um diese Gegend zu besuchen. Hosman heißt der Ort auf Rumänisch. Er tritt zwar, was die wunderschönen Narzissenfelder betrifft, in direkte Konkurrenz mit der berühmten Narzissenau bei Vad, doch kann er diesem botanischen Reservat, auch unter dem Namen »Dumbrava Vadului« bekannt, durch die unschlagbare Kombination von majestätischen schneebedeckten Bergen und weißem Blumenwald auf jeden Fall Paroli bieten.

Vor langer Zeit war die transsilvanische Ebene entlang der Fogarascher Berge von dichten Eichen- und Erlenwäldern bedeckt. Durch intensiven Holzeinschlag verschwanden diese Wälder jedoch fast vollständig. Zurück blieb der vom Schmelzwasser der Berge getränkte Boden, der sich so in Marschland oder Sumpfgebiet verwandelte. Ein idealer Nährboden für die schönen Blumen aus der Familie der Amaryllisgewächse.

Es gibt zahlreiche rumänische Märchen und Legenden um die Weiße Narzisse, die schließlich auch im Deutschen nicht nur »Echte Narzisse«, sondern auch »Dichter-Narzisse« genannt wird. Am besten lässt man sich diese Geschichten um von der Sonne wach geküsste Narzissen von Einheimischen in den Gasthäusern, auf dem Dorfplatz oder im Begegnungszentrum der Kirchenburg in Holzmengen erzählen.

Beim Spaziergang entlang der Narzissenwiesen wird man feststellen, dass neben dem Hauptdarsteller dieser Frühlingsaufführung auch noch genügend Nebenrollen für Trollblumen, Sibirische Schwertlilien und Duftveilchen abfallen. Als wäre das alles nicht schon kitschig und märchenhaft genug, sorgen auch noch Amseln, Drosseln, Pirole und Kuckucke für eine arkadische musikalische Untermalung.

Anfahrt Hosman (Holzmengen) 557168 liegt 22 Kilometer östlich von Hermannstadt. Das Narzissenfeld liegt vor den Toren der Stadt auf der nördlichen Seite des Flüsschens Hârtibaciu (Harbach). | Tipp Das Panorama der Fogarascher Berge und das Narzissenfeld sind wunderbar aus dem kleinen Zug, der »Mocănița de pe Valea Hârtibaciului«, zu bewundern.

60 Das Naturwunder von Bonțida

Im Land der trickreichen Schmetterlinge

Wer sich auf den Weg nach Bonțida macht, kommt wahrscheinlich, um sich das Barockschloss Bánffy anzuschauen. Zweimal im Jahr bietet die kleine Gemeinde mit dem »Transilvanian International Filmfestival« und dem »Electric Castle« spektakuläre kulturelle Events an. Doch was die wenigsten Besucher auf dem Radar haben, ist ein Naturereignis, das sich jährlich rund um das Schloss »entpuppt«. Wir sind im »Land der blauen Schmetterlinge«, der einzigen Gegend in Europa, wo gleich vier äußerst seltene Schmetterlingsarten vorkommen, die allesamt der Gattung *Maculinea* angehören.

Die prächtigste Art heißt Ameisenbläuling. Im Westen kennt man ihn als dunkelbraunen Wiesenknopf-Ameisenbläuling. In Siebenbürgen sind Arten heimisch, die mit ihrem samtig schimmernden Blau dem Namen Bläuling alle Ehre machen. Nur rund um Bonțida und einige wenige Nachbardörfer wächst die Pflanze, auf die sich der transsilvanische Ameisenbläuling zum Zwecke der Arterhaltung spezialisiert hat. Ganz Transsilvanien-like wird sie »Blutströpfchen« genannt und gehört zur Familie der Rosengewächse. Die blauen Schmetterlinge wenden bei dieser Pflanze eine äußerst riskant erscheinende Überlebensstrategie an: Kurz vor der Blüte des Blutströpfchens legt das Schmetterlingsweibchen seine Eier zwischen den Dolden ab. Die Raupen schlüpfen, machen drei Häutungen durch und lassen sich dann überraschenderweise zu Boden fallen, um sich ihren Todfeinden, den Ameisen, auszuliefern. Die Ameisen fallen jedoch nicht über die wehrlosen drei Millimeter großen Raupen her, sondern verfallen ihrem trügerischen Honigduft. Sie trommeln gegen ihre Körper und werden mit einem Tropfen süßen Sekrets belohnt. Die Raupe wird nun von den Ameisen als Futterquelle adoptiert und in ihr Nest geschleppt. Doch dort schlägt sich die Raupe fortan – ganz und gar transsilvanisch – den Bauch mit frisch geschlüpften Ameisen voll.

Anfahrt Bonțida (407105) liegt 30 Kilometer nordöstlich von Cluj-Napoca. Man erreicht die Gemeinde über die DJ 1C. Die Blumenwiesen, auf denen der seltene Falter zu finden ist, sind mit dem Symbol eines blauen Schmetterlings markiert. | Tipp Neben den Konzerten in Bonțida gibt es auch im nahen Cluj ein jährliches Festival, das man gesehen haben sollte: »Untold« (untold.com).

61 Die orientalischen Teppiche in Kronstadt

Anatolische Kostbarkeiten in der Schwarzen Kirche

Die Schwarze Kirche gilt als Höhepunkt eines jeden Stadtrundgangs in Brașov. Ihre schwarze Farbe verdankt sie nicht etwa, wie lange kolportiert, einem von Katholiken gelegten Feuer, sondern nachweislich dem Funkenschlag einer Schmiede. Die habsburgischen, katholischen Truppen hatten die Stadt bei Ausbruch des Brandes längst verlassen.

Herausragend in der Kirche ist die in Europa einmalige Sammlung an orientalischen Teppichen. Die in den anatolischen Knüpf-Manufakturen der Dörfer um die Stadt Gördes gefertigten Preziosen stammen allesamt aus dem 16. bis 18. Jahrhundert. Doch wie, fragt man sich, kommen Teppiche aus Anatolien in eine christliche Kirche? Aus einem erhaltenen Register in Kronstadt weiß man, dass allein im Jahre 1503 über 500 orientalische Teppiche die Stadt erreichten. Es müssen Abertausende gewesen sein, die seit dem 15. Jahrhundert nach Siebenbürgen gelangten.

Früher wurden osmanische Handelswaren am Karpatenbogen sehr geschätzt. Reich bestickte Kaftane, seidene Turbantücher, aufwendige Schuhe und Gürtel, all dies war Handelsware. Auch die Teppiche schmückten damals siebenbürgische Häuser. Die Stadt erhielt Teppiche aus ihren Steuern und dem Stapelrecht. Von den jeweiligen Zünften aufgekauft, wurden sie dann der Kirche gestiftet.

Die Teppiche in der Schwarzen Kirche wurden als Schmuck der Zunftgestühle, aber auch zur Akzentuierung eingesetzt, vor allem am Altar, der Orgelempore und dem Ratsherrngestühl. Die Teppiche, die aus der Alltagskirche eine Festkirche machten, fanden auch bei Taufen, Trauungen und Begräbnissen Verwendung. Falls jemand sich in der Kirche begraben lassen wollte, musste die Familie einen Orientteppich für die Totenbahre stiften. Je reicher der Katafalk geschmückt war, desto höher das Ansehen der Familie.

Adresse Schwarze Kirche (Biserica Neagră), Curtea Johannes Honterus 2, Brașov 500025 | Tipp Die Seilbahn am Fuße des Berges Tâmpa ermöglicht eine wunderbare Sicht auf die Stadt aus 320 Metern Höhe. Der Eingang und die untere Station befinden sich am Gasthaus Casa Pădurarului, Aleea Tiberiu Brediceanu 1.

62 Der Ozean aus Sonnenblumen

Baden im Blütenmeer von Johannisdorf

Van Gogh wäre im Herzen Transsilvaniens sicher verrückt geworden vor Glück. Denn sein Lieblingsmotiv, die Sonnenblume, blüht hier bis weit über den Horizont. Die Pflanze, die mit ihren Blüten der Sonne ähnelt, kommt auf den endlosen Feldern südöstlich von Tirgu Mureș so strahlend daher, dass einem das Herz übergeht.

Was transsilvanische Psychiater längst als eine der besten Burn-out-Therapien empfehlen, nämlich eine Wanderung oder Kutschfahrt durch blühende Sonnenblumenfelder, lässt sich hier mühelos bewerkstelligen. Selbst eine Eselwanderung entlang der sonnig blühenden Felder ist von Cund aus möglich. Aber auf der Kutschfahrt vom Resort Valea Verde aus erfährt man von Olaf Fröhlich oder einem anderen Kutscher spannende Dinge. Die Kutscher sind allesamt exzellente Kenner der einheimischen Natur und haben zu berichten, dass die Sonnenblume zu den wichtigsten Kulturpflanzen Rumäniens zählt. Zudem sei sie eine »Kompasspflanze«, da sich ihre Blütenkörbe immer zur Sonne hin ausrichten.

Im Ungarischen, das in diesem Landesteil in vielen Dörfern gesprochen wird, ist die Sonnenblume eine Pflanze, die sich auch namentlich »mit der Sonne dreht«: »napraforgó«, ganz ähnlich wie »girasole« im Italienischen.

Zu Ceaușescus Zeiten als rumänischer Öl-Export und heute vor allem als Futterpflanze populär, kann Rumänien mittlerweile fast doppelt so hohe Erträge bei Sonnenblumen aufweisen wie die Vereinigten Staaten. Das Land belegt in der Europäischen Union sowohl bei der Anbaufläche als auch bei der Produktion von Sonnenblumenkernen Platz eins. Transsilvanien liegt in diesen Disziplinen ganz vorn, und die Felder in der Nähe von Johannisdorf gehören zu den schönsten. Siebenbürgen mag zwar keinen Ozean besitzen, baden kann man dort dennoch: in einem Blütenmeer aus Sonnenblumen.

Adresse die Felder liegen südlich der Gemeinde Johannisdorf (Sântioana, 407569); Buchung von Kutschfahrten bei Jonas und Ulrike Schäfer im Resort Valea Verde, Strada Principală 119, Cund, Bahnea 547057 | Tipp In den Wäldern von Cund wachsen viele schwarze Trüffeln. Zur Suche kann man sich ebenfalls im Resort Valea Verde anmelden.

63 Das Pferdesalzkarussell

Tierische Sklavenarbeit unter Tage

Das Salzbergwerk Turda gilt heute als tiefster unterirdischer Freizeitpark der Welt. Die Hallen in fast 120 Metern Tiefe sind so hoch, dass sogar ein authentisches Riesenrad darin Platz findet. Die illuminierten Karussells daneben wirken so, als sei ein großes blinkendes Ufo gelandet. Zwar kommt man bequem mit dem Lift nach unten, wer aber nicht Schlange stehen möchte, kann die 13 Stockwerke auch über Treppen erreichen. Warten ist meist für diejenigen angesagt, die eine Bootsfahrt auf dem beliebten unterirdischen See buchen wollen – ein wenig Geduld kann nicht schaden. Neben dem Vergnügungspark, in dem man auch Billard, Tischtennis oder Bowling spielen kann, beherbergt das Salzbergwerk ein Museum, in dem die Geschichte des Salzabbaus erzählt wird.

In einem der musealen Grubenschächte ist die weltweit einzige originalgetreue pferdegezogene Salz-Fördermaschine zu sehen. Das hölzerne Ungetüm, eine vertikale Wellenwinde, die im Rumänischen Crivac genannt wird, sieht aus wie ein sehr altertümliches Karussell. Doch diese Bezeichnung, die auch auf Führungen benutzt wird, ist ein Euphemismus. In der Realität mussten sich im sogenannten Rudolf-Stollen zwei Pferde ohne Unterlass im Kreis drehen, um das geförderte Salz von der Sohle des Grubenschachts über den Förderschacht in der Nebenkammer auf das Niveau des Transportstollens zu bringen.

Im vorelektrischen Zeitalter – auf der Welle der Maschine ist das Baujahr 1881 eingraviert – dienten Pechfackeln, die in der Grubenwand steckten, den Arbeitern und Tieren als einzige Lichtquelle. Aufgrund der schlechten Beleuchtung und der ständigen kreisenden Bewegung erblindeten die Pferde innerhalb von zwei Wochen. Auch starben die meisten Tiere schon nach kurzer Zeit vor Erschöpfung. Es gibt auch eine Stollenkammer, die mit den Gebeinen dieser Grubenpferde gefüllt sein soll. Doch für Touristen ist dieser Raum nicht einsehbar.

Adresse Salina Turda (Salzbergwerk), Aleea Durgăului 7, Turda 401106 | Tipp Wer vom Besuch unter Tage einen trockenen Hals bekommen hat, kann ihn in der Crama la Salina, einem hübsch in den Hügeln gelegenen Weingut, auf angenehmste Art befeuchten (Strada Dealul Viilor 10, cramalasalina.ro).

64 Das Pharmaziemuseum

Hahnemann, Krebsaugen und Mumienpulver

Im Jahr 1292 gab es in Hermannstadt bereits zahlreiche Medikusse und Bader und natürlich auch ein Krankenhaus. Die Stadt war das politische, kulturelle und medizinische Zentrum der Siebenbürger Sachsen, und so verwundert es nicht, dass nach dem landesweit ersten Krankenhaus im Jahr 1494 auch die landesweit erste Apotheke in Hermannstadt gegründet wurde. Doch die erste Stadtapotheke musste aus Mangel an ausgebildeten Apothekern immer wieder geschlossen werden, bis der Rat der Stadt 1672 den Apotheker der Königlichen Apotheke aus Danzig, Georg Vette, als Stadtapotheker nach Hermannstadt berief. Vette nannte seine Pharmazie »Schwarzer Adler«, sie gilt als die zweite Apotheke in der Geschichte von Hermannstadt und bestand bis 1704.

Das heutige Museum der Pharmazie, das an der Stelle der ersten Apotheke der Stadt am Kleinen Ring im Jahr 1972 eröffnet wurde, ähnelt einer Wiener Apotheke aus dem 18. Jahrhundert. Nicht nur Apothekerherzen schlagen höher, wenn sie im warmen Holzinterieur neben einer Bronzemühle aus dem Jahr 1597, alten Apothekerwaagen, Glaskolben und Porzellantiegeln auch Schubladen und Gläser entdecken, in denen heute nicht mehr gebräuchliche Heilmittel wie Krebsaugen, Käferpulver oder Mumienpulver aufbewahrt werden. Der hintere Raum des Museums ist der Homöopathie gewidmet, denn deren Begründer Samuel Hahnemann lebte und arbeitete zwischen 1777 und 1779 als Arzt und Sekretär des Gouverneurs des Fürstentums Siebenbürgen, Baron Samuel von Brukenthal, in Hermannstadt.

Bevor Besucher das Museum verlassen, sollten sie die lateinische Inschrift auf dem vier Jahrhunderte alten Apothekenschrank würdigen, in dem früher giftige Substanzen aufbewahrt wurden, zeugt sie doch von der Art und Weise, wie leidende Patienten damals Trost fanden. Auf dem Giftschrank heißt es: »Es ist besser, in Dornen und Disteln zu baden, als mit falschen Zungen zu sprechen.«

Adresse Die drei Räume des Museums der Pharmazie (Muzeul de Farmacie) befinden sich am Piața Mică 26, Sibiu 550182. | Öffnungszeiten Mi – So 9 – 17 Uhr, Mo, Di geschlossen | Tipp Bücherfreunde finden in der Schiller-Buchhandlung (Piața Mare 7) und im Büchercafé Erasmus (Strada Mitropoliei 30) eine exzellente Auswahl, nicht nur zu Siebenbürgen.

65 Der Pusztabrunnen

Das Zweistromland lässt grüßen

Während wir im Westen beim Wort Brunnen allenfalls an Springbrunnen und, angesichts der Erwärmung, ihre kühlenden Effekte denken, ist für viele Dorfbewohner Transsilvaniens der private Brunnen im Hof oder Garten alltäglich und lebensnotwendig.

Neben der häufigsten Form, dem Ziehbrunnen mit Handkurbel und schützendem Dach, kommen im Westen Transsilvaniens immer noch urtümliche Schadufs zum Einsatz. Diese vor allem in den malerischen Dörfern der ungarischsprachigen Provinz Kalotaszeg zu sehenden Wasserhebegeräte haben ihre Ursprünge im mesopotamischen und später auch arabischen Raum. In der Antike diente der Schaduf am Nil zur Bewässerung der Felder. Während der osmanischen Besatzung kam er ins südöstliche Europa und nach Ungarn, wo man ihn vor allem in der Puszta sieht. Auf Ungarisch wird er als Gémeskút und auf Rumänisch als Fântână de Cumpara bezeichnet.

Dank eines Gegengewichts erfordert das Wasserholen aus dem Brunnenschacht mit dem Schaduf nur wenig Kraftaufwand. Der hölzerne, gut austarierte Ausläufer des Wiegearms ragt bis über die Brunnengrube und fungiert dort als Eimerhebestange. Selbst Kinder und ältere Menschen können auf diese Art leicht und bequem Wasser schöpfen.

In der Gemeinde Dumbrava im Landkreis Cluj sind noch einige öffentliche und private Schadufs zu sehen. So auch im Hof der Familie Fazakas. Die kleine Pension von Tünde und Anna-Gyöngyi besticht vor allem mit einem schönen Garten und authentischer regionaler Küche. Alles wird frisch zubereitet. Es gibt Eier von glücklichen Hühnern, Tomaten aus dem Garten, selbst gemachten Käse, Apfelsaft, Vogelmilch und Zacuscă, den wohl leckersten Gemüseaufstrich der Welt. Weitere kulinarische Höhepunkte sind Hibiskus-, Rosen- und Quittenmarmelade sowie Hühnchen- und Apfelsuppe. Zum abschließenden Sauerkirschkuchen gibt es dann Kaffee oder Tee mit frisch aus dem Schaduf geschöpften Brunnenwasser.

Adresse Familie Fazakas, Strada Principală 178, Dumbrava / Gyerövásárhely 407152, Tel. +40/744828699 (das einzige Haus mit einem deutschsprachigen Schild: »Zimmer frei«) | Tipp An der Feldweg-Strecke ins Dorf gibt es einen Verkaufsstand, an dem frische Pilze und Waldfrüchte verkauft werden.

66 Der Răchițele-Wasserfall

Die Glückstränen eines Brautpaars

Die Gemeinde Mărgău im Kreis Cluj gehört zu den geheimnisvollsten Orten Transsilvaniens. Nur weiß das leider kaum jemand. Wo im Stanciului-Tal, genau zwischen zwei Dörfern, im Winter die steilen Felswände rund um den Răchițele-Wasserfall zufrieren und zu einem großartigen Eisklettergebiet werden, sprachen die Glasmacher der Gegend früher eine Sprache, die sonst niemand in Rumänien verstehen konnte.

Die Glaser zogen durch das Land, um mit dem Verkauf von Glaswaren ihren Lebensunterhalt zu verdienen. Um sich verständigen zu können, ohne dass ein neugieriger Kunde oder ein Fremder die weit gereisten Glaser verstehen und die Geheimnisse der Glasmacherkunst aufschnappen konnte, erfanden sie eine Art Geheimcode, eine eigene, Gumuțeasca genannte Sprache. Da aber der Beruf des Geamgiu, des Glasmachers, heute in Mărgău nicht mehr ausgeübt wird, verschwand mit dem Handwerk auch die geheimnisvolle Sprache. Besucher kommen heute allerdings nicht mehr des Glashandwerks wegen nach Mărgău, sondern um einen der schönsten Wasserfälle des Landes zu sehen.

Auf Rumänisch heißt der Răchițele auch »Brautschleier-Wasserfall« (Cascada Vălul Miresei). Wer von der Holzbrücke am Fuße des Wasserfalls hinaufschaut, wird ahnen, wie er zu diesem Namen kam. Tatsächlich ähnelt der am Osthang des Vlădeasa-Massivs in einer Höhe von 1.000 Metern gelegene Wasserfall einem weißen, in viele Falten gelegten Brautschleier.

Eine alte Legende erzählt, wie es zu der Bezeichnung Brautschleier-Wasserfall kam. Demnach rührt der Name daher, dass eine Braut einst von den steilen Klippen stürzte. Keine Sorge, die Braut blieb am Leben, doch ihr Brautschleier verfing sich in den Felsen und blieb an ihnen hängen. Aus den Glückstränen von Braut und Bräutigam entstand sodann der wunderschöne Wasserfall, der heute in zwei Stufen über 30 Meter in die Tiefe stürzt.

Anfahrt Der Răchițele-Wasserfall, der auch Vălul Miresei genannt wird, befindet sich im Stanciului-Tal, in der Gegend des Dorfs Răchițele (407384) und der Gemeinde Mărgău im Kreis Cluj. | Tipp Die Unterkunft Pensiunea la Răchițele, Strada Valea Stanciului 170 ist empfehlenswert.

67 Der Raumfahrtpionier

Hermann Oberth, der Vater der Raketen

Als Raumschiffe der Oberth-Klasse werden in der Serie »Star Trek« Wissenschaftsschiffe der Föderation bezeichnet, die ausschließlich in friedlicher Mission unterwegs sind. Nicht nur Science-Fiction-Fans wird der Name Oberth ein Begriff sein. Auch bei der NASA kennt man den Mitarbeiter Wernher von Brauns als bedeutenden Pionier der Raumfahrt-Wissenschaften und der Raketentechnik.

Relativ unbekannt aber ist, dass Hermann Oberth auch an Fritz Langs letztem deutschen Stummfilm, »Frau im Mond«, als wissenschaftlicher Berater mitwirkte. Noch unbekannter, weil gern verschwiegen, ist der missglückte Raketenstart bei der Bühnen-Premiere.

Bereits als Gymnasiast in Schäßburg (rumänisch Sighișoara) hatte Oberth, angeregt durch die Lektüre von Jules Vernes Mondromanen, eigene astronomische Berechnungen begonnen. Sein Großvater, der 1869 kühn behauptet hatte, der Mensch würde in hundert Jahren den Mond betreten, konnte nicht ahnen, dass einer seiner Enkel, nämlich Hermann Oberth, derjenige sein würde, der die Grundlagen für die Mondflüge legen würde.

Viele der schönsten Geschichten des Raumfahrtpioniers erfährt man im Oberth-Museum in Mediasch. So auch diejenige vom Schüler Oberth, der mit einem gefüllten Wasserglas vom Sprungbrett eines Schäßburger Schwimmbads sprang, um die Auswirkungen der Schwerelosigkeit zu erforschen.

Bereits als Erstklässler grübelte er, wie man die Kraft des Wassers der Niagarafälle nutzen könnte, um sie in Elektrizität umzuwandeln, oder wie man mit einer Maschine die Blitze während eines Gewitters einfangen könnte, um Energie zu gewinnen. Als Student machte er medizinische Selbstversuche, um nachzuweisen, dass der menschliche Körper zu Flügen in den Weltraum imstande sei. Als Wissenschaftler legte er 1929 in seinem Buch »Wege zur Raumschiffahrt« die Grundlagen zur Raketentechnik und wurde endgültig zu einem der Väter der Raumfahrt.

Adresse Casa Memorială Hermann Oberth, Strada Hermann Oberth 23, Mediaș 551130 | Tipp Wissenschaftlich interessant ist auch eines der baulich schönsten und zugleich skurrilsten Museen Transsilvaniens. Es befindet sich in Mediaș in der Șoseaua Sibiului 5: das Erdgasmuseum (Muzeul Gazelor Naturale).

68 Raven's Nest

Das verborgene Dorf

Wer sich durch die Waldwege des Trascău-Gebirges hindurchgeschlängelt hat und dann oben, auf einem Bergplateau, durch die großen Holztore ins Rabennest schreitet, glaubt, in einem Märchen gelandet zu sein.

Tatsächlich begann die Geschichte des »Raven's Nest« wie in einer Fabel. Die Gründer des Resorts entdeckten den erstaunlichen Ort bei einer Bergwanderung. Es waren zwei Raben, die über ihnen auf das Plateau flogen und sie zu einem kleinen, versteckten Bergkessel führten. Der heutige Name wurde vor allem aus Respekt vor der Natur gewählt. Man fand oben ein ganzes Ensemble von zerfallenen Scheunen, Schuppen und Ställen vor, die, in ein Wäldchen eingebettet, von den Bergbewohnern ursprünglich zur Heuernte genutzt wurden.

Die heutigen Betreiber erwarben das Land, bauten die ursprünglichen Gebäude ab und rekonstruierten mit Hilfe lokaler Handwerker und Künstler ein einzigartiges Refugium. Wie ein winziges Bergdorf erscheint heute dieser durch neuere Holzbauten ergänzte Mix aus hundert Jahre alten Scheunen und reetgedeckten Bauernhäusern. Die Wände der Bauten wurden nach alter Technik mit Hanf erneuert. Einige Dächer bekamen Holzschindeln, ein Schmied aus Sibiu schmiedete authentisch alle Türklinken und Fenstergriffe nach. Es fand sich – wie im Märchen – eine Bergquelle auf dem Grundstück, und Frauen aus Săpânța im Maramureș, einem Ort, in dem es den einzigen fröhlichen Friedhof der Welt gibt, webten traditionelle Bettdecken.

Ein Wegweiser zeigt es an: Es sind nur 314 Schritte von der Unterkunft bis zur Panoramaterrasse namens »Auge des Raben« mit atemberaubendem Blick auf die Bergwelt des Apuseni. Nach nur 265 Schritten kommt man zu einem heißen Bad im hölzernen Whirlpool oben auf den Klippen. Auch zu den Hängematten im Wald und zum Highlight, einem Freilichtkino inmitten der Wildnis, sind es nur ein paar Schritte – eben alles wie im Märchen.

Adresse Sub Piatră 510a, Sălciua 517648 | Anfahrt Von Turda geht es an der landschaftlich schönen Strecke der Straße 75 am Arieș entlang Richtung Câmpeni. Im Ort Sălciua weisen Wegweiser auf das Resort »Raven's Nest« hin. Vom Ort sind es zwei Kilometer bis zum Rabennest. | Tipp Eine empfehlenswerte Unterkunft ist die Pensiune Agroturistica Sălciua, Strada Principală 231, Tel. +40/762449021.

69_Der Rhododendron am Vârful Ciucaș

Rosa Pracht am schönsten Berg der Karpaten

Der Berggipfel Ciucaș liegt im Kreis Brașov, im äußersten Südosten Transsilvaniens. Der Aufstieg allerdings erfolgt über die Cabana Vârful Ciucaș im Kreis Prahova, also in der Walachei. Der Weg hinauf verläuft fast vollständig auf der Grenze zwischen den beiden Regionen. Verblüffenderweise liegt dort das sogenannte Biertal, das Valea Berii, von dem ein Wanderweg hinauf zur Vârful-Ciucaș-Hütte führt. Wenig bekannt ist, dass der Fluss Buzău im Ciucaș-Gebirge seinen Ursprung hat. Er wird von zwei Quellen im nördlichen Teil des Massivs gespeist.

Das Ciucaș-Massiv gehört geologisch, aber auch botanisch zu den interessantesten Bergregionen Rumäniens. Der 1.954 Meter hohe Vârful Ciucaș ist der höchste Gipfel des Massivs und der meistbesuchte Berg Transsilvaniens. Im Naturschutzgebiet rund um den Gipfel des Ciucaș sind mehr als 3.000 Pflanzenarten zu finden, darunter die Bergkuckucksdistel, der Rosmarin, die Herbstzeitlose und der Bergahorn. Mitte bis Ende Juni werden die Hänge um den Vârful Ciucaș zu einem der beliebtesten Fotomotive des Landes. Denn in diesem Zeitraum findet dort ein wahres Bergpfingstrosen-Rhododendren-Festival statt. Mindestens zwei Wochen lang erlebt man an den sonnenverwöhnten Hängen des Gebirges einen regelrechten Farbrausch.

Die zur botanischen Gattung der Rhododendren gehörende Bergpfingstrose zählt zu den seltensten Gebirgspflanzen der Karpaten. Hat man zu ihrer Blütezeit im Juni erst einmal den tiefer gelegenen Heidelbeer- und Wacholdergürtel durchschritten und weiter oben die Plateaus der Felspflanzen erreicht, kann man die Bergpfingstrose in ihrer rosa blühenden Pracht erleben. Die Sträucher auf den Karpatenkämmen werden 30 bis 40 Jahre alt und bis zu 30 Zentimeter hoch. Da die Bergpfingstrose zu den gefährdeten Pflanzen gehört, ist sie gesetzlich geschützt. Das Pflücken oder Beschädigen der Sträucher wird mit einer hohen Geldstrafe geahndet.

Anfahrt Am besten startet man die Wanderung zum Vârful Ciucaș vom Pasul Bratocea aus. Der Pass liegt an der Grenze zwischen den Kreisen Brașov und Prahova an der DN 1A in der Nähe des Ferienorts Cheia. | Tipp Im Westen des Massivs, bei Întorsura Buzăului – auch Klein-Sibirien genannt –, befindet sich ein paläontologisches Reservat in der Nähe der Gemeinde Purcăreni. Im Kalksteinmassiv finden sich fossile Korallen.

70_Die Romapaläste von Huedin

Architektur des faszinierenden Unbehagens

Die Aussage der Essayistin und Schriftstellerin Susan Sontag, es gäbe Dinge in der Kunstwelt, die so dermaßen schlecht sind, dass sie schon wieder exorbitant gut erscheinen, kennt auch in der Architektur reale Vorbilder. Kitsch verwandelt sich in etwas, das plötzlich á la mode ist. Auf Deutsch könnte man diese Architektur mit dem Oxymoron »begeisterndes Unbehagen« umschreiben.

In diese Kategorie fallen sicherlich auch die Romapaläste im transsilvanischen Ort Huedin, die bei Touristen zunehmend beliebter werden. Begeisternd sind sie gewiss nicht immer – aber sicherlich faszinierend. Gleichzeitig sind diese – je nach Sichtweise – prunkvollen oder protzigen Bauten aber auch befremdlich. Von den mehr als tausend Roma, die in Huedin leben, betteln immerhin meist mehr als die Hälfte auf den Straßen ausländischer Großstädte. Allein in Huedin gibt es über 80 solcher überbordend verzierter Paläste. Bereits bei der Durchfahrt durch den Ort sieht man etwa 20 mit silbern glitzernden Zinkblechdächern und ziselierten Dachfirsten ausgestattete Palastbauten.

Von den Besitzern werden die Gebäude stolz als »Kastello« (Schloss) oder »Palate ale rromilor« bezeichnet. Wobei das doppelte r nicht nur auf Roma, sondern auch auf das Romanes-Wort für Mensch (Rrom) verweist. Auch vor Selbstbewusstsein strotzende Namen wie »Vila lui cel mai tare« (Die Villa des Stärksten) sind bemerkenswert.

Beim Besuch in Huedin sollte man wissen, dass die Roma den Begriff Țigănci (»Zigeuner«) sehr stolz und selbstbewusst verwenden und vor allem die Handwerker unter ihnen diese Bezeichnung nicht als despektierlich empfinden. Und mittlerweile zeigen sich einige Roma auch offen dafür, ihre Türen für Touristen zu öffnen. Denn viele Ausländer sind von den prächtigen, jedoch meist unverputzten Palästen fasziniert und wüssten nur zu gern, wie sie von innen aussehen.

Anfahrt Huedin (405400) liegt an der Europastraße 60 beziehungsweise der rumänischen Nationalstraße 1. Man erreicht den Ort von Westen aus von Oradea (Distanz: 105 Kilometer) und von Osten aus von Cluj-Napoca (Distanz: 55 Kilometer). Die Romapaläste an der einzigen Durchfahrtsstraße sind unübersehbar. | **Tipp** Sehens- und staunenswert ist der Markt von Huedin mit regionalen Produzenten in der Strada B. N. Antal. Nähere Informationen auf der Webseite: huedinpiatamarket.wordpress.com.

71 Roșia Montană

Europas größte Goldmine

Roșia Montană zählt zu den ältesten Goldlagerstätten Europas. Bereits die Römer gruben tiefe Stollen, und schon Herodot erwähnte das Gold der Karpaten, die Minen von *Alburnus Maior* und den Ort im Apuseni-Gebirge, der auf Deutsch Goldbach heißt. Unter Kaiserin Maria Theresia erlebte der Goldabbau eine Blütezeit, und die Stollen im Dörfchen Roșia Montană (Roter Berg) entwickelten sich zur ertragsreichsten Goldgrube der habsburgischen Monarchie.

Während der sozialistischen Zeit wurde der Abbau der Edelmetalle aufgrund hoher Kosten immer weniger profitabel. Zudem kam es durch die intensivierte Goldförderung zu erheblichen Umweltschäden. Die Bilder der Einleitung hochgiftigen Zyanids in die Theiß im Jahr 2000 sind unvergessen. Damals löste die Blausäure eine der größten Umweltkatastrophen in der Geschichte Europas aus. Tausende von toten Fischen, Ottern, Bibern und Seeadlern führten zum Niedergang der aufstrebenden Ökotourismus-Region und zu massivem Widerstand.

Doch leider weckten die geschätzten 314 Tonnen Gold und 1.480 Tonnen Silber in transsilvanischer Erde im ersten Jahrzehnt des neuen Jahrtausends erneut Begehrlichkeiten. Das kanadische Bergbauunternehmen Gabriel Resources versprach, beim Zyanid-Einsatz strenge Sicherheitsvorschriften beachten zu wollen. Mittlerweile hält der Konzern über 80 Prozent der rumänischen Gesellschaft, der das Abbaugebiet um Roșia Montană gehört, und investierte über eine halbe Milliarde Dollar. Doch die Proteste gegen die Umweltzerstörung halten an. Vor über einem Jahrzehnt traten beim legendären »FânFest Roșia Montană« sogar internationale Musikbands wie Zdob și Zdub auf, um sich für den Erhalt der Natur einzusetzen. Laut Greenpeace wird die rumänische Regierung die geplanten Projekte aber nicht stoppen, und seit dem Blausäure-Unfall von Baia Mare ist leider kaum etwas geschehen, um den Bergbau sicherer zu machen.

Anfahrt Roșia Montană (deutsch Goldbach, ungarisch Vöröspatak, 517615) liegt im Kreis Alba. Der Ort liegt an der Kreisstraße (Drum județean) DJ 742, sieben Kilometer vom Drum Național 74A entfernt im Siebenbürgischen Erzgebirge. | **Tipp** Im Bergbaumuseum (Muzeul Mineritului Galeriile Romane) in Roșia Montană erhält man Einblicke in die über 2.000-jährige Geschichte des Goldabbaus.

72 Die rote Schlucht

Heimat der Flugsaurier

Das Naturschutzgebiet Râpa Roșie in der Nähe der Stadt Sebeș überrascht die Besucher mit Felsen, die je nach Sonneneinstrahlung eine überirdisch schöne rote Farbe zeigen. Besonders eindrücklich sind die zerfurchten, fast senkrechten Wände, die rumänische Geologen auch als Felsorgeln bezeichnen.

Neben diesen Orgeln sieht man in der roten Schlucht auch surreal gestaffelte Säulen. Berühmt aber wurde die Gegend nicht nur wegen der roten Felsen, sondern auch wegen der Vielzahl von Fossilien, die sich hier vor etwa 70 Millionen Jahren – also in der späten Kreidezeit – gebildet haben.

Neben urzeitlichen Relikten von Säugetieren und Schildkröten wurden auch solche von Krokodilen gefunden. Das darf nicht überraschen, denn große Teile des Kontinents Europa lagen damals unter dem Meeresspiegel. Transsilvanien war damals ein von Flüssen und Sümpfen durchzogenes Landgebiet, in dem auch Krokodile lebten.

Der sicherlich spektakulärste Fund in der roten Schlucht aber war der eines Flugsauriers. Genauer gesagt wiesen die Skelettfragmente auf einen Pterosaurier hin. Eine Flugechse, die mit einer Flügelspannweite von etwa 16 Metern und gigantischen tragflächenartigen Flughäuten in der Lage war, ihren über 100 Kilogramm schweren Körper in die Höhe der damaligen Karpaten zu wuchten.

Wissenschaftler sprachen vom größten »fliegenden Biest« aller Zeiten. Zu den Entdeckungen der Forscher gehörte auch eine neue Art pflanzenfressender Dinosaurier, wobei man an der Fundstelle namens Sebeș-Gold, unweit von Râpa Roșie, sogar auf die fossilen Überreste ihrer Eier und Nester stieß. Die transsilvanischen prähistorischen Saurier, die vor etwa 68 Millionen Jahren lebten, galten als erster Beweis für die Entwicklung einer primitiven Vogelart, die an den Ufern der Gewässer brütete. Übrigens erhielt einer dieser transsilvanischen Flugsaurier den lateinischen Beinamen »Draculae«.

Anfahrt Die roten Berge des geologischen Reservats Râpa Roșie sind – gutes Wetter vorausgesetzt – bereits auf der A 1 in der Nähe von Mühlbach (Sebeș, 515800) gut zu erkennen. Die weitere Anfahrt über die gut ausgeschilderte Strecke erfordert allerdings einen geländegängigen Wagen. | Tipp Die Festung Alba Karolina in Alba Iulia (20 Kilometer von Sebeș) gehört zu den Höhepunkten jeder Transsilvanienreise: ein Muss!

73 Das Sakristeischloss in Birthälm

Wo Technik zur Kunst wird

An Attraktionen herrscht in der zum UNESCO-Weltkulturerbe zählenden mächtigen Kirchenburg in Biertan (deutsch Birthälm) wahrlich kein Mangel. Da wäre der spätgotische Flügelaltar mit aufgesetztem Triptychon, die 1.290 Pfeifen umfassende Orgel, die Kanzel aus Sandstein und Schalldeckel aus dem Jahr 1596 oder die beachtliche Sammlung antiker anatolischer Teppiche. Erstaunlicherweise war es jedoch eine Sakristeitür, die es als Glanzlicht der Kirchenburg auf eine Weltausstellung geschafft hat.

Die aus Eichenholz gefertigte und sehr robuste Tür wurde im Jahr 1900 auf die Reise zur Weltausstellung nach Paris geschickt, die damals auch als kunsthandwerkliche Leistungsschau galt. Neben dem erstmals zu sehenden Eiffelturm – der übrigens nicht, wie von rumänischen Fremdenführern und Dr. Google immer gern behauptet, aus einem Banater Stahlwerk aus Reșița stammt – machte die Sakristeitür in Paris schnell Furore.

Besser gesagt: nicht allein die Tür, sondern vielmehr ihr aus dem Jahr 1515 stammendes Türschloss. Die Besucher der Weltausstellung waren derart begeistert von diesem Schließsystem, dass es letztlich mit einem Preis ausgezeichnet wurde.

Der prächtige Verriegelungsmechanismus aus 19 kunstvoll gefügten Einzelschlössern, der übrigens auch nach 500 Jahren noch funktioniert, ist ein Meisterwerk des Handwerksmeisters Johannes Reichmuth aus Schäßburg. Für die Mechanik benötigt man einen Schlüssel für vier Schlösser und eine Kurbel für die anderen 15. Natürlich schützte dieser komplizierte Mechanismus nicht allein die Messgewänder und Kelche in der Sakristei. Vielmehr verbarg sich 1515 hinter der schweren Eichentür die Schatzkammer der Kirche und der Gemeinde. Die Kammer hat, dank handwerklichem Geschick des Meisterschlossers, alle Plünderungen ohne Schaden überstanden.

Adresse Die mächtige Kirchenburg von Biertan (557045) liegt zentral in der Dorfmitte und ist unübersehbar. Die Sakristei liegt linksseitig des großen Flügelaltars. Meist ist eine deutschsprachige Ansprechperson vor Ort. | Tipp Im Nachbarort Reichesdorf (rumänisch Richiş, 557047) sollte man sich die drei schönen, typisch sächsischen Bauernhäuser des Ensembles Casa Noah anschauen, in dem man auch übernachten kann. Strada Principală 13, 92, 93.

74 Der Salzcanyon

Das weiße Wunder von Praid

Die berühmte Gemeinde Praid im Szeklerland trägt auf Deutsch den wunderbaren Namen Salzberg. Das trifft den Nagel auf den Kopf. Denn wer im Ort nur die unterirdische Saline besucht, hat viel Interessantes verpasst, das oberirdisch zu sehen ist. Vor allem ebenjenen Salzberg, den es hier tatsächlich gibt. Er ist mit einer Salztiefe von drei Kilometern der größte seiner Art in Europa. Denn die Größe eines Salzbergs errechnet sich aus seiner Salzwurzel, seiner Tiefe, und aus seiner Höhe.

Vom Bergwerk Praid aus sind es nur wenige Minuten bis zum Rand des Salzbergs, an dem sich ein kostenloser Parkplatz sowie der (kostenpflichtige) Eingang in die Salzschlucht befinden. Ein Fluss namens Corund hat sich im Laufe der Jahrtausende in die großen und kleinen Salzberge gegraben und damit einen Canyon und ein Salzwunderland geschaffen, das man auf einer Wanderung auf einem Ökotourismuspfad erkunden kann. In dieser Salzschlucht wird man nicht nur steile Wände aus Salz, Salztürme und spektakuläre weiße Salzklippen sehen, sondern auch eine charakteristische, teils sehr bizarre Vegetation. Denn alle Pflanzen, die sich auf die befremdliche Umgebung des weißen Goldes eingelassen haben, sind Salzliebhaber. Entlang eines Flüsschens in der idyllischen Schlucht wachsen violette Salzblumen, grünes Salzgras und der nur hier vorkommende Salzbeifuß. Von den flachen Stellen der Schlucht am Wasser und von den kleinen Brückchen aus sieht man die weißen Berge besonders gut.

Doch über Seitenwege und kleine Anstiege kommt man auch sehr dicht an einige größere Dolinen heran. Salzquellen sorgen für ein besonderes Mikroklima, und viele Besucher, die sich im Salzcanyon tief verbeugen, tun das aus gutem Grund: Sie betrachten all die bodennahen exotischen Schönheiten, die sich durch die Salzkristallisation gebildet und an der Oberfläche abgelagert haben, aus nächster Nähe.

Adresse Strada Minei 79, Ocna de Jos 537243. Von den Eingängen der Salzmine fährt man die Strada Minei hinunter zum Thermal-Schwimmbad. Der Eingang in den Salzcanyon befindet sich gleich gegenüber. | Tipp Das Thermal-Schwimmbad »Wellness Center Praid«, gleich am Eingang des Salztals, ist mit seinen mineralischen Wasserbecken eine Wohltat – nicht nur für müde Gelenke.

75 Sarmizegetusa Regia

Die Hauptstadt der Daker

Wahrscheinlich verbinden viele Menschen den Namen Dacia nur mit der rumänischen Automarke. Die Bewohner der römischen Provinz Dacia, nach denen die Fahrzeuge benannt wurden, waren die Daker. Seit dem 5. Jahrhundert vor Christus besiedelten sie die Region rund um den Karpatenbogen. Nach der Einschätzung des römischen Geschichtsschreibers Tacitus waren die Daker ein »stets unzuverlässiges Volk«. Diese Bewertung eines Römers, der ja auch Politiker und Senator in Rom war, wird dem mit den Thrakern verwandten Volksstamm allerdings nicht gerecht. Schließlich führte das römische Imperium mit den Dakern etliche Kriege. Unzuverlässig ist das falsche Wort, besser würde man sagen: rebellisch.

Nach zwei Kriegen zwischen 101 und 106 nach Christus machte der römische Kaiser Trajan Dakien zuerst zum Vasallenstaat Roms und verleibte sich das Land letztlich ein. Die Heere der Daker wurden vollständig vernichtet. Männer gab es nach dem Zweiten Dakerkrieg kaum mehr im Land. Dakerkönig Decebalus nahm sich das Leben, um nicht in Gefangenschaft zu geraten. Die heute zum UNESCO-Weltkulturerbe zählende Festung von Sarmizegetusa Regia wurde von den Römern komplett zerstört und dem Erdboden gleichgemacht. Vor der römischen Eroberung im Jahr 106 war sie Hauptstadt und wichtigster militärischer Stützpunkt des dakischen Staats. Die wenigen Aufzeichnungen berichten von zahlreichen Tempeln und einem blühenden Handelsplatz. Am meisten verwundert es Archäologen und Historiker, dass in Sarmizegetusa keine Gräber gefunden wurden. Eine Nekropole gab es, warum auch immer, in keiner dakischen Siedlung.

Da es kaum mehr dakische Männer in der römischen Ostprovinz gab, vermählten sich die dakischen Frauen notgedrungen mit römischen Soldaten – oder wurden zwangsvermählt. Das rumänische Wort »mira« (für Bräutigam) ist also aus gutem Grund mit dem lateinischen Wort »miles« (für Soldat) verwandt.

Anfahrt von der Stadt Orăștie südlich über die Straße DJ 705A 66a nach Costești (115200), wo die Ruinen der Festungshauptstadt Sarmizegetusa gut ausgeschildert sind | Tipp In Eisenmarkt, dem rumänischen Hunedoara, 40 Kilometer westlich der Ruinenstadt, steht die Burg Eisenmarkt, rumänisch Castelul Corvinilor, die größte Felsenburg Europas.

76 Das Schloss Bánffy

Barock trifft Electro-Dance und Backsteine

In den 1920er und 1930er Jahren, als in Siebenbürgen die Adelsfamilien ihre Ländereien verloren, wurden viele Schlösser einfach abgerissen, weil die materielle Grundlage für ihren Unterhalt nicht mehr gegeben war. Mittlerweile aber finden sich kreative Wege, diese Schönheiten zu retten und wieder zu neuem Leben zu erwecken.

So auch im Fall des Barockschlosses Bánffy. Während des kommunistischen Regimes wurde es als Bauernhof und Kinderkrankenhaus genutzt. Doch seit Jahren wird das Schloss mehr und mehr zum kulturellen Ereignis. Jeden Sommer verwandelt sich das frühere Versailles Transsilvaniens für vier Tage in ein »Electric Castle«, bei dem mehr als 200.000 Menschen zu Elektroklängen feiern und tanzen. Die Jugend Rumäniens liebt ihr Elektro-Schloss und strömt in Scharen zu den musikalischen Liveacts.

Die weltweiten Stars der Szene, darunter Skrillex, Fatboy Slim, Deadmau5 und Grandmaster Flash, geben sich hier die Ehre. Im Jahr 2019 wurde das Festival bei den »European Festival Awards« als bestes mittelgroßes Festival ausgezeichnet, und im Sommer 2023 kam erstmals Iggy Pop und trat auf der Bühne von Schloss Bánffy auf.

Einmalig dürfte sein, dass Besucher an den Festivalbars ihre Getränke auch mit Mörtel und Backsteinen bezahlen können. Dies geschieht im Rahmen der Kampagne »Give me a brick«, die Festivalbesucher dazu auffordert, Ziegelsteine für den Wiederaufbau von Schloss Bánffy zu spenden. Letztlich profitiert auch der Ort Bonțida von diesem Engagement. Durch die Kultursponsoren konnten der Sportplatz der örtlichen Schule restauriert und Möbel für die Klassenzimmer gekauft werden.

Übrigens sollte man wissen, dass es gleich zwei Bánffy-Schlösser gibt. Vom Balkon des Schlosses Bánffy im Ort Răscruci kann man das gesamte Anwesen überblicken. Der dortige Park war früher durch eine Pappelallee mit dem Schloss Bánffy in Bonțida verbunden.

Adresse Schloss Bánffy an der DN 1C 16, Răscruci / Bonţida 407105 | Tipp Hundert 100 Meter nördlich des Schlosses befindet sich an der Haupstraße die ethnografische Sammlung des ungarischen Völkerkundlers und Volksmusiksammlers Zoltán Kallós.

77_Die Schlossburg Bethlen

Elefantenohrbäume, Bananenstauden und Werwölfe

Wenn ein Schloss aufgrund seiner günstigen Lage in Transsilvanien über Jahrhunderte unversehrt geblieben ist, dann ist dies schon bemerkenswert. Der Schlossburg Bethlen gelingt dies seit der königlichen Schenkung im Jahr 1260 sogar schon mehr als 750 Jahre. Die ersten urkundlich nachgewiesenen Vorfahren der Familie Bethlen, die auch heute noch Eigentümer ist, bauten das Schloss im 16. Jahrhundert prachtvoll im Renaissancestil aus. Der Adelssitz in Kreisch (rumänisch Criș, ungarisch Keresd) gehört heute zur Gemeinde Daneș und gilt als das schönste Renaissanceschloss in Siebenbürgen.

Die zweistöckige Residenz besticht mit ihrem imposanten Rundturm und der schönen Loggia, die mit ihren Rundbogenöffnungen und zylindrischen Säulen sofort an Bauten in Venedig und der Toskana denken lässt. Es gibt Gemälde, auf denen das Schloss samt Bananenstauden und Elefantenohrbäumen zu sehen ist. Gewächse, die in den strengen Wintern Transsilvaniens überaus talentierte Gärtner erfordert haben müssen. Eine Annäherung an die Pracht der damaligen Zeit versucht die »Saint Francis Foundation« in Deva, eine gemeinnützige, von einem Franziskaner gegründete Stiftung.

Doch das erweist sich als außerordentlich schwierig. Denn dem Regisseur Sergiu Nicolaescu, der im Schloss vier Filme drehte, gelang es während der Verfilmung von »Mihai Viteazul« im Jahr 1969, das gesamte Haus niederzubrennen. Auch nach der Zeit des rücksichtslosen Filmregisseurs erging es dem Schloss nicht gut. In der Kapelle wurde chemischer Dünger gelagert, und einige Tore zum Hof wurden zerstört. Ein Filmteam aus Hollywood wurde auf die prächtige transsilvanische Ruine aufmerksam und drehte hier Werwolf-Filme. Zwar erweisen sich die Gitter der unterirdischen Film-Verliese als Plastik-Kulisse. Doch das tut der Sache keinen Abbruch: Das Schloss Bethlen bleibt aufregend – vor allem aber: wunderschön!

Adresse Strada Castelul Bethlen 187, Criș 547201 | **Anfahrt** zwischen Sighișoara und Mediaș bei Daneș (Dunesdorf, Dános) Richtung Süden ins Dorf Criș (Kreisch, Keresd) fahren | **Tipp** Äußerst besuchenswert sind auch die etwa eine Fahrstunde entfernten Kirchenburgen in Valea Viilor (Wurmloch) und Prejmer (Tartlau).

78 Die Schlucht von Zărnești

Mauerläufer, Wasseramseln und Königsteinnelken

Von den Schluchten Siebenbürgens ist jene von Zărnești mit Sicherheit am einfachsten zu erreichen. Deutschsprachige Wanderführer nennen sie Zerneschter Schlucht, die Rumänen Cheile Zărneștilor.

Wanderer sollten sich von den steilen, bei Kletterern so begehrten Felswänden nicht abschrecken lassen. Denn letztlich kann man die Schlucht ganz bequem durchschreiten. Einem Spaziergang gleich geht es durchs enge, flache Tal der Schlucht, während Felskletterer sich an den markierten Routen des einzigen Kalkstein-Gebirgskamms in Rumänien erproben. Der Film »Cold Mountain« wurde hier gedreht. Ob Nicole Kidman und Jude Law während ihrer Kussszene Augen für die überwältigende Flora und Fauna des Nationalparks Königstein hatten, ist nicht bekannt.

Das Füllhorn der Natur wurde am Königstein (rumänisch Piatra Craiului) besonders reichlich ausgeschüttet. Ein Drittel aller in Rumänien beheimateten Pflanzenarten sind dort zu finden. Zu den besonders hübschen zählen der Alpen-Mohn, der strahlend blaue Clusius-Enzian und der Gelbe Frauenschuh, eine der prächtigsten wild wachsenden Orchideenarten Europas. Naturführer verweisen auch auf die seltenen Wasseramseln und die endemische, weltweit einzigartige Königsteinnelke *(Dianthus callizonus)*. Eine Pflanze, die nur im Juni und Juli und dann auch nur bei Sonnenschein zartrosa erblüht.

Wenn es um Kletterkünstler geht, die in der Schlucht von Zărnești so zahlreich zu finden sind, würden sowohl der Schönheitspreis als auch die Goldmedaille fürs Sportklettern sicherlich an den Mauerläufer gehen. Seine in der Sonne rubinrot funkelnden Flügel können es mit den attraktivsten tropischen Schmetterlingen aufnehmen. Der Höhlenbrüter bevorzugt steile, karge Felswände und liegt damit in der Zerneschter Schlucht goldrichtig. Der artistisch veranlagte Vogel kann die steilsten Wände erklettern und kommt so auch an fast unzugängliche Stellen.

Anfahrt Die Zărnești-Schlucht befindet sich im Nationalpark Piatra Craiului im Kreis Brașov. Die Schlucht ist am einfachsten über die Stadt Zărnești (505800) zu erreichen: über die Rua Râului ins Valea Prăpăstiilor, Parkmöglichkeit am Botorog-Brunnen. | Tipp Am besten erschließt man sich die Schlucht mit einem deutschsprachigen Naturführer. Empfehlung: Hermann Kurmes. Kontakt: office@cntours.eu, Tel. +40/740022384.

79 Die Schülertreppe von Schäßburg

Ein guter Wegbegleiter

Leserinnen und Leser, die aus Siebenbürgen stammen, werden sicherlich wissen, was der Museumsgründer und Arzt Josef Bacon, der Dirigent und Musikwissenschaftler Erich Bergel, der Physiker und Raketenpionier Hermann Julius Oberth und die Schriftstellerin Elisabeth Hering gemeinsam haben. Allesamt waren sie Schüler und Schülerinnen der Bergschule in Schäßburg und haben damit auch mindestens zweimal täglich die sportliche Herausforderung annehmen müssen, jene 176 Stufen der überdachten Schülertreppe zu bewältigen, die hinauf zur Schäßburger Bergschule führen.

Ursprünglich war der Weg vom Burgplatz zur Schülertreppe mit hölzernen Bohlen ausgelegt, was sicherlich kein augenzwinkernder Hinweis darauf war, dass man sich auf dem Holzweg befinde. 1642, im Jahr ihrer Errichtung, hatte die Schülertreppe sogar 300 Stufen, erhielt 1842 aber einen gemauerten Untergrund und damit die heutige Stufenzahl. In vielen Städten würde der Berg, den diese Treppe hinaufführt, Kirchberg heißen, schließlich überragt die Bergkirche der Stadt das heutige Josef-Haltrich-Lyzeum bei Weitem. Die bildungshungrigen Siebenbürger Sachsen jedoch, denen ihre Bergschule äußerst wichtig war, nannten ihn Schulberg.

Allein zwischen 1445 und 1521 waren 95 einstige Schüler aus Schäßburg an den Universitäten von Wien und Krakau eingeschrieben. Also noch bevor die Bergschule als Bildungseinrichtung 1522 in Dokumenten überhaupt erwähnt wurde.

Die Schülertreppe wurde zum beliebten Treffpunkt für Paare – und zum Schauplatz romantischer Prüfungen. Junge Männer vermochten an der Schülertreppe einen Liebesbeweis zu erbringen, indem sie bei jeder der 176 Stufen den Namen ihrer Partnerin aufsagten. Schafften sie es, sich bei keiner Stufe zu versprechen, wurde dies als gutes Zeichen für die Beziehung gewertet.

Adresse Die Schülertreppe / Strada Şcolii (rumänisch Scara acoperită oder Scara Scolarilor) führt vom Burgplatz direkt hinauf zur überdachten Treppe, Sighişoara 545400. | Tipp Die Bergkirche (Biserica din Deal) auf dem Schulberg mit ihrem St.-Georgs-Fresko im Seitenschiff ist äußerst sehenswert.

80_Der Sieben-Leiter-Canyon

Nervenkitzel in einer prähistorischen Schlucht

Der steile Anstieg vom Parkplatz zum Canionul Şapte Scări, dem Sieben-Leiter-Canyon am Fuße der Piatra-Mare-Berge, ist sicherlich keine allzu große Herausforderung. Der sportliche Nervenkitzel beginnt erst nach etwa einer Stunde Fußmarsch. Wer an einem normalen Wochentag an das südlich von Braşov gelegene Schluchtenwunder kommt, macht alles richtig. Rutschfeste Schuhe einpacken und immer den Bergbach Şipoaia entlangstiefeln. Während der Woche ist man relativ allein.

Vermeiden sollte man aber den Aufstieg an einem Wochenende oder an Feiertagen, da die Sieben-Leiter-Schlucht zu jenen Orten gehört, die man in Rumänien einmal im Leben besucht haben sollte. Nervig: auf 1.050 Metern Höhe am unteren Ende einer zwölf Meter hohen Stahltreppe zu stehen und darauf zu warten, bis die Masse sich – Selfies vor Wasserkaskaden schießend – nur zentimeterweise vorwärts und nach oben bewegt. So kann die nur 160 Meter lange Schlucht-Passage mit einer Höhendifferenz von 58 Metern zu einer wahren Geduldsprobe werden.

Dabei ist der Canyon selbst eine absolute Schönheit. Zur Zeit der Dinosaurier entstanden, fühlt man sich inmitten der wilden Schluchten und an den Wasserfällen tatsächlich ein wenig wie im »Jurassic Park«.

Das gelbe Gestein des unteren Teils des Canyons wurde von Geologen dem Zeitalter des Jura zugeordnet, der obere Teil entstand in der Trias. Wer eine Begehung der Kalksteinschlucht mit den sieben zwischen 2,5 und 15 Meter hohen, teils sehr steilen Leitern zur Winterzeit und Schneeschmelze ins Auge fasst, kommt in den Genuss eines wahren Farbenmeers. Im vom fließenden Wasser in Jahrmillionen geformten Canyon präsentiert sich jede gefrorene Wasserkaskade in einem anderen Farbton. Ein Regenbogenfest und Spektakel, das man auf den rutschigen Sprossen allerdings nur mit trittsicherem Schuhwerk genießen kann. Sind die Leitern völlig vereist, wird der Canyon gesperrt.

Anfahrt Von Brașov über die Nationalstraße 1 in südöstlicher Richtung bis zu einem Wegweiser in den Canyon. Ein großer Parkplatz ist vorhanden. Selbst langsame Wanderer erreichen den Canyon in etwa einer Stunde. Der Weg ist auch für Kinder geeignet. Strada Canionului, Timișu de Jos 505600 | Tipp Auf der Strecke gibt es die längste kindgerechte Tiroliana Europas.

81 Der Silberschmied

7.000 Schläge bis zum Glück

Aus einem offenen Unterstand in Brateiu, einem kleinen Romadorf vor den Toren Mediaschs, ist ein rhythmisches Klopfen zu hören. Auf dem gestampften Lehmboden stehen Ambosse, an den Wänden sind Zangen, Feilen und Messer zu sehen – und das wichtigste Werkzeug des Kupfer- und Silberschmieds Victor Clopotar: der Silberhammer.

Etwa 7.000 Schläge braucht er, um aus einer feinen Silberplatte ein Gefäß herzustellen. Nicht irgendein Behältnis, sondern eine von Calvin Klein designte edle Silbervase. Als Victor zur Kunstmesse Homo Faber nach Venedig eingeladen wurde, hatten sich seine Fähigkeiten in der Welt des Kunsthandwerks längst herumgesprochen. Für die Strecke von den Karpaten bis zur Lagune machte er eigens den Führerschein und eröffnete sein erstes Bankkonto. Bald war der Roma mit seinem breitkrempigen Hut, dem schwarzen Bart und den fröhlichen Augen auch auf der Kunstmesse in Basel zu sehen. Seine Preziosen erregen heute weltweit Aufmerksamkeit, weil kein anderer mit dem Silberhammer so umgehen kann wie er.

Im Dorf gibt es nur noch drei Familien, die diese feine Kunst ausüben. Das Schmieden hat Victor von seinem Vater gelernt, wobei es sich bei seiner Kunst um das traditionelle Treiben handelt. Beim Silbertreiben wird die feine Silberplatte mit Schlägeln und dem Treibhammer plastisch in die gewünschte Form gebracht. Um ein künstlerisches Relief zu erzeugen, treibt Victor exakt gesetzte Vertiefungen ins Kupfer- oder Silberblech.

Längst haben seine Werke ihren Weg in die Museen gefunden, und stolz zeigt seine Frau Eva die dicke Sammelmappe mit den Würdigungen, Artikeln und internationalen Preisen vor. Bei allem Rummel ist Victor Clopotar ein neugieriger und schlichter Mensch geblieben. Bereits mit zwölf Jahren musste er mit seiner Kunst eine Familie ernähren. Zeit für die Schule gab es nicht. Umso wichtiger ist ihm sein nächstes großes Ziel: Englisch lernen.

Adresse Der »Căldărari« (Kunstschmied) Victor Clopotar wohnt mit seiner Familie in der Strada Şeş 130i, Brateiu 557056. Auf dem Foto: Eva, Victor, Sohn Victor, Ehefrau Maria. | Tipp An der Straße gibt es Verkaufsstände mit handgemachten Kupfergefäßen. Auf der anderen Straßenseite sind einige schöne Romapaläste zu sehen (Besichtigungen auf Anfrage bei Victor Clopotar).

82 Der Șipote-Wasserfall

Erfindungsreiche Erfrischung

Lange Zeit galt die Bigăr-Kaskade in Rumänien als schönster Wasserfall der Welt. Bei der Wahl der Fachzeitschrift »The World Geography« landete diese einzigartige Schönheit aus dem Kreis Caraș-Severin noch vor den Horizontal Waterfalls in Westaustralien und dem Wasserfall Hierve el Agua in Mexiko.

Doch dann brach der moosbedeckte Hauptstein des Bigăr-Wasserfalls entzwei, und der Șipote-Wasserfall im Trascăului-Gebirge rückte in der Gunst der verwöhnten Naturfreunde Rumäniens an die erste Stelle. Dieses Naturspektakel im Arieș-Tal hat so einiges zu bieten. Die Kaskade stellt ein komplexes Karstphänomen aus mehreren bis zu 15 Meter hohen Wasserfällen dar, die sich aus drei Quellen speisen.

Man sollte sich nicht mit der Aussicht vom Parkplatz zufriedengeben, von dem der Șipote-Wasserfall von unten wunderbar einsehbar ist. Weiter oben wird das Naturwunder noch weitaus spektakulärer. Um dorthin zu gelangen, muss man bis auf eine Höhe von etwa 700 Metern klettern. Das ist ein etwa anderthalbstündiger Spaziergang auf einem mit einem roten Kreuz gekennzeichneten Waldpfad, der nicht allzu schwierig ist. Besonders sehenswert sind die Kalkablagerungen, die teilweise Treppen mit Stufen bilden, und die Eisblumen, die sich im Winter entlang des Wasserlaufs zeigen.

Wer nicht hinaufwandern möchte, kann den zugänglichen unteren Wasserfall erkunden, der sogar von der Nationalstraße DN 75 aus gut zu sehen ist. Auf einem Parkplatz am Ufer des Flusses Arieș bietet sich den Besuchern an einem hölzernen Brunnen die Gelegenheit, frisches Quellwasser abzufüllen. Das Wasser wird direkt aus dem Wasserfall gewonnen und fließt in einer in der Luft schwebenden »Wasserbrücke« aus der Kaskade über den Fluss Arieș direkt in einen hölzernen Trog. Es sei geheiligtes Wasser, erzählt man den Besuchern, was durch ein Kreuz und den Verkauf von Devotionalien verdeutlicht werden soll.

Anfahrt Der Wasserfall befindet sich im Trascăului-Gebirge im Arieș-Tal, zwei Kilometer flussabwärts vom Dorf Sălciua (517648). Direkt an der Nationalstraße 75 (DN 75) befindet sich ein großer Parkplatz, von dem aus der Wasserfall gut zu sehen ist. | **Tipp** In der Nähe der Kaskade gibt es zahlreiche weitere Naturwunder, etwa die Huda-Höhle von Papară und die Drachentor-Höhle (Peștera Poarta Zmeilor).

83 Sisi von Halmagen

Gedenken an die geliebte Kaiserin

Wer die Kapuzinergruft, die traditionelle Begräbnisstätte der Habsburger in Wien, besucht, wird auf dem Grab von Königin Elisabeth immer frische Blumen mit einem Band in den ungarischen Nationalfarben vorfinden. Die für ihre Schönheit weltberühmte Sisi war schon zu ihrer Zeit in Ungarn sehr beliebt. Selbst weit über 100 Jahre nach ihrem Tod ist die Erinnerung an sie in den ungarischsprachigen Dörfern Transsilvaniens noch sehr lebendig.

Von Romy Schneider und romantischen Filmen ist im Herzen Siebenbürgens allerdings nie die Rede. Ihre Sisi bleibt, neben ihrer Rolle als zeitloses Schönheitsideal, vor allem als selbstbewusste Sportlerin in Erinnerung, die zu ihrer Zeit wohl die beste Reiterin Europas war und alle wichtigen Reitturniere gewonnen hat.

Auch in Halmágy wird das Andenken an die geliebte Herrscherin aufrechterhalten. Stolz verweisen die Bewohner des Dorfs, das auf Deutsch Halmagen und auf Rumänisch Hălmeag heißt, auf die einzige historische Elisabeth-Büste Rumäniens, die auf dem Kirchplatz zu finden ist. Die weiße, stets liebevoll mit Blumen geschmückte Marmorstatue überragt samt Jugendstilsockel alle anderen Grab- und Gedenksteine bei Weitem.

Die 1906 vom Bildhauer Nándor Hargita geschaffene Büste sollte nach dem Anschluss Siebenbürgens an Rumänien 1920 zerstört werden. Der Auftrag des damaligen Bürgermeisters wurde jedoch verweigert. »Lieber möge mir mein Arm verdorren, als dass ich diese Statue zerschlage«, so die selbstbewusste Weigerung des beauftragten Handwerkers.

Vorsorglich holten die Bewohner von Halmágy »ihre« Sisi damals vom Sockel und versteckten sie in der evangelischen Kirche. Die Büste der habsburgischen Kaiserin, die als Königin von Ungarn stets auch glühende Fürsprecherin der ungarischen Interessen war, wurde erst 1977 wieder aufgestellt. Auf dem 2023 restaurierten Sockel steht heute nur liebevoll: Erzsébet.

Adresse Kirchhof der Evangelisch-Lutherischen Kirche von Hălmeag (507196) | Tipp Unweit der Sisi-Statue findet sich die Gruft des Politikers Michael Fronius. Günstige private Übernachtungen sind möglich bei Magó Anna-Panni, Hălmeag 250, und Aladár Zsolt, Hălmeag 252, Tel. +40/755873611 (beide Unterkünfte sind nur hundert Meter vom Kirchhof entfernt).

84_Der Smaragdsee

Der Liebling der Filmemacher

Eigentlich heißt er Tannensee (rumänisch Lacul Brazi), aber unter dieser Bezeichnung kennt ihn in Rumänien kaum jemand. Denn berühmt wurde er unter dem Namen Smaragdsee (Lacul de Smarald), da die leuchtend blaugrüne Farbe des Wassers eines seiner markantesten Attribute ist. Eigentlich ist dieses Phänomen des Farbenspiels vor allem von Gletscherseen her bekannt, doch der Smaragdsee liegt am Rande eines Vulkankraters.

Das feine Pulver im See, welches vorwiegend das blaugrüne Spektrum des Sonnenlichts reflektiert, ist nicht etwa vor einer Million Jahren durch einen Eiszeitgletscher in den See geraten. Vielmehr sind die pulverisierten mineralischen Gesteine dem Bergbau geschuldet, der an dieser Stelle einst betrieben wurde. Der Smaragdsee ist im Laufe der letzten 200 Jahre in einem ehemaligen Steinbruch entstanden, der den hübschen Namen Tannen-Steinbruch trug. Der Smaragdsee ist ein sogenannter Himmelsteich. So werden Seen oder eben Bergbaugruben genannt, die nur vom Regen der Wolken gefüllt werden.

Aufgrund seiner bei günstigem Lichteinfall türkis schimmernden Farbe ist der See bei Filmemachern sehr beliebt. Die Landschaft um den See ist vor allem für Western-Filmkulissen wie geschaffen. Für die Netflix-Django-Serie, eine Neuinterpretation des Westernklassikers von Sergio Corbucci aus dem Jahr 1966 – ein Western, der übrigens auch Quentin Tarantino zum Film »Django Unchained« inspirierte –, verlegte die Produktion Texas und Arizona kurzerhand nach Transsilvanien. Wahrscheinlich fällt vielen Westernfans gar nicht auf, dass es im amerikanischen Wilden Westen keine Vulkankrater gibt, geschweige denn smaragdgrün schimmernde Seen. Aber als aufgepimptes Texas macht sich Transsilvanien in der Django-Serie tatsächlich nicht schlecht. Das Geld aus dem Dreh kam übrigens der Gemeinde Racoș zugute, die sich ihren Traum von einem UNESCO-Geopark erfüllen möchte.

Anfahrt Im Nordosten des Kreises Brașov (an der Bahnstrecke Teiuș–Brașov) liegt der Ort Racoș (507175), etwa 20 Kilometer östlich von der Kleinstadt Rupea an der Kreisstraße (Drum județean) 131C. Von Racoș aus ist der Nationalpark samt Basaltsäulen gut ausgeschildert, fünf Kilometer entfernt. | **Tipp** Im Kreis Brașov ist die Kirchenburg der Gemeinde Prejmer, dem deutschen Tartlau, eine Reise wert. Sie ist eine der schönsten Kirchenburgen des Landes.

85 Die Smartphone-Fresken

Der mahnende Feiertagschristus in Boschen

Ein umlaufendes Wandfresko in der kleinen katholischen Kapelle der Gemeinde Boschen (rumänisch Bozeni, ungarisch Székelybós) zeigt Szenen aus dem Leben des heiligen Ladislaus, des Schutzpatrons Transsilvaniens, der den ersten Bischofssitz in Großwardein (Oradea) gegründet hat. Neben den teils martialischen Szenen des Ladislaus-Freskos ist gleich links vom Eingang ein weltweit wohl einmaliges Wandbild zu sehen.

Der sogenannte Feiertagschristus ist als Mahnbild seit dem Spätmittelalter im alpenländischen und anglikanischen Bereich bekannt. Doch auch in einigen Kirchen Siebenbürgens gibt es diese Bildallegorien. So beispielsweise in Maldorf (Viişoara). Der Sinn der Mahnbilder bestand und besteht darin, die Gläubigen daran zu erinnern, dass man den Feiertag in guten Taten und Werken sowie durch Gebete ehren soll. Das schließt jegliche Arbeit und Vergnügen aus. Der Gebrauch all der auf den Fresken um Jesus herum gruppierten Gegenstände würde, so der Glaube, Christus ebenso peinigen wie die Dornenkrone oder die Geißelung unter Pilatus.

Gezeigt werden traditionellerweise Geräte und Handwerkszeuge aus dem ländlichen Bereich, wie Rechen, Sichel, Sense, Dreschflegel, Säge, Beil, Hammer und Winkelmaß, oder Gerätschaften dörflicher Berufe, wie Messer, Schafschere, Kamm und Webstuhl sowie Spinnrad. Eben alles, was für eine verwerfliche Tätigkeit an einem Sonn- oder Feiertag in Frage käme. Sogar Spielbretter, Instrumente und Ehebetten haben es in sehr strengen Gemeinden auf ein Feiertagschristus-Fresko geschafft.

Doch das, was man im Boschener Fresko sieht, ist einmalig. Denn neben altertümlichen Werkzeugen sind bei näherem Hinsehen auch ein Smartphone, ein Laptop und ein Facebook-Logo als neuzeitliche mahnende Allegorien zu sehen. Die Fresken entstanden 2013 durch den Restaurator Lóránd Kiss und sein Team im Rahmen eines Fresken-Workshops zum Erlernen alter Techniken.

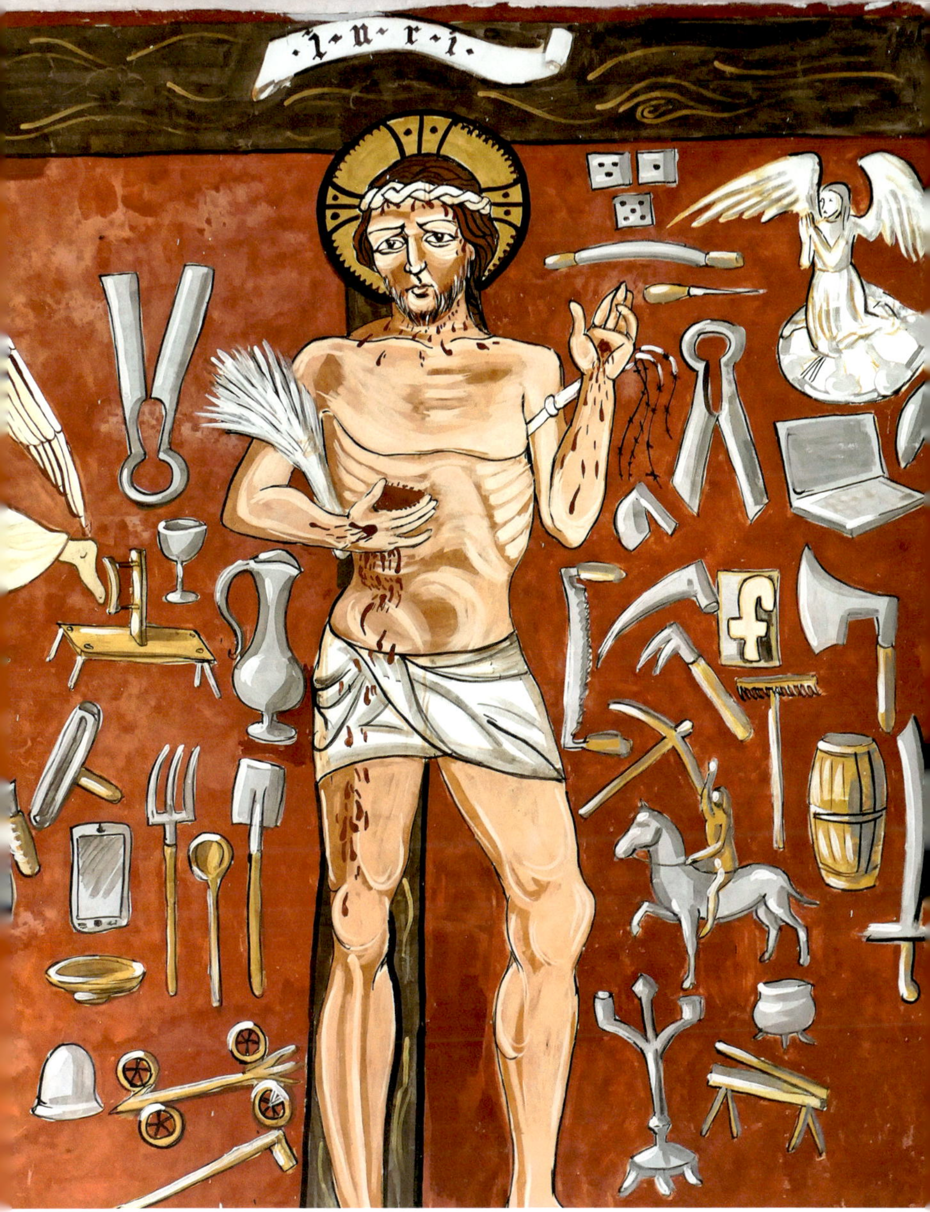

Adresse Die römisch-katholische Kapelle in Boschen / Bozeni (547366) befindet sich gleich hinter der Reformierten Kirche, die in der Ortsmitte gut sichtbar an der Hauptstraße liegt. | **Tipp** Lóránd Kiss hat eine Giotto-Kopie des Gemäldes »La Vicella« in einer kleinen transsilvanischen Dorfkirche in Senndorf (Jelna) entdeckt und auch in Schmiegen (rumänisch Șmig, ungarisch Somogyom) Fresken des heiligen Ladislaus wiederentdeckt, die über Jahrhunderte unter dicken Kalkschichten verborgen waren.

86 Die Steppenpfingstrosen

Eine Geschichte der blutigen Tränen

Das botanische Reservat und Naturschutzgebiet von Zau de Câmpie im Kreis Mureș ist der einzige Ort in Europa, an dem es dieses rot leuchtende Blütenwunder gibt. Überall auf unserem Kontinent ist die zarte Steppenpfingstrose ausgestorben und zählt somit nicht nur zu den schönsten, sondern auch zu den seltensten Bewohnern Transsilvaniens.

Das botanische Genie Marcu Sâncrăianu rettete das Wunder der *Paeonia tenuifolia* vor dem Aussterben und betreute die Pfingstrosen über 60 Jahre lang – bis zu seinem 91. Lebensjahr. Alle Geheimnisse, die er den Pflanzen ablauschte, gab er 2008 an seine Nachfolger weiter. Nun achtet der Reservatverwalter und Naturfotograf Ciprian Cenan gemeinsam mit der Fotografin Daniella Urs darauf, dass Besucher den zarten Gewächsen nicht zu nah kommen.

Denn die zerbrechliche, zehn bis 30 Zentimeter hohe Pflanze blüht zwischen April und Mai nur etwa sieben Tage im Jahr! Ihre Samen dürfen weder zu früh noch zu spät geerntet werden. Die Blüte muss zur Samenernte bräunlich schwarz sein. Wird die Pflanze gebrochen, verwelkt sie innerhalb von Minuten. Von der Aussaat bis zur Blüte vergehen dann, je nach Höhenlage, zwischen sieben und 14 Jahre.

Das einzigartige Reservat, fünf Kilometer außerhalb des Orts Zau de Câmpie, ist seit 1932 kontinuierlich geöffnet und wurde sogar während des Zweiten Weltkriegs nicht geschlossen. Denn den Siebenbürgern gilt diese Pflanze als Lebenselixier.

Natürlich gibt es auch zur Entstehung der Steppenpfingstrose eine passende Saga. So erzählt eine lokale Legende von der herzzerreißenden Liebesbeziehung zwischen einer Förstertochter und einem Prinzen, die mit dem Tod des jungen Mannes abrupt endete. Der Sage nach entstanden die Steppenpfingstrosen in Zau de Câmpie genau an ebenjener Stelle, an der das verliebte Mädchen beim Trauern um den Geliebten ihre blutigen Tränen vergossen hat.

Anfahrt Zau de Câmpie (547660) liegt zwischen Turda und Târgu Mureș an der Straße 151. Die Reservația de Stepă (wie das botanische Reservat auf Rumänisch heißt) liegt fünf Kilometer nordwestlich des Orts und ist gut ausgeschildert. Ciprian Cenan und Daniella Urs, Tel. +40/743317116 | **Tipp** Nicht entgehen lassen sollte man sich das imposante Castelul Ugron im gleichen Ort – ein Adelssitz und Schloss der Extraklasse.

87_Die Steppenrinder

Besuch auf der Biodiversity-Farm Cobor

Das Engagement des Wildbiologen Christoph Promberger und seiner Frau Barbara gilt dem Erhalt der Wälder im Făgăraș-Gebirge. Wo sich dichte dunkelgrüne Buchenwälder an die Berghänge schmiegen, durchziehen auch üppige Tannen, Fichten, Bergulmen und Eschen die Karpaten. Für den Erhalt dieser jahrhundertealten Baumriesen und des wichtigen Lebensraums von Bären, Luchsen, Wölfen und Wisenten wurde den Naturschützern 2023 der Bambi in der Kategorie »Unsere Erde« verliehen. Doch zu den Zielen der von ihnen gegründeten Stiftung »Conservation Carpathia« gehört auch der Erhalt anderer Wildtiere.

Die Ungarischen Steppenrinder kamen mit der Einwanderung der Ungarn im 9. Jahrhundert aus Zentralasien nach Siebenbürgen. Doch die einst wegen ihrer Fleischqualität so begehrten Tiere kamen im Lauf der Jahrhunderte aus der Mode. In der ungarischen Tiefebene gab es vor 100 Jahren nur noch 187 Steppenkühe und gerade einmal sechs Bullen. Heute werden die ebenso seltenen wie urtümlichen Graurinder auf der Biodiversity-Farm Cobor in Siebenbürgen wieder gezüchtet.

Kulinarisch gehört das Gulasch der Cobor-Küche zum Besten, was der Autor in seinem Leben jemals genießen durfte. Allein aufgrund dieser Köstlichkeit aus zartestem Steppenrind lohnt die Anreise an den Karpatenbogen.

Die robusten, langlebigen und anspruchslosen Tiere fallen durch die imposanten, nach oben weisenden, gebogenen Hörner auf. Auf einer Besichtigungstour der Farm kann man die Steppenrinder mit ihrem ausladenden Kopfschmuck in ihrer Herde sehen. Ebenso Biber, wilde Pferde und als besonderes Highlight auch die Aufzuchtstation der Karpaten-Hütehunde. Diese urtümliche, gutmütige Hunderasse wird auf Cobor ausgebildet, um sie dann kostenfrei an die Schäfer der Umgebung abzugeben. Ausgewachsen beschützen die prädestinierten Hütehunde die Schafherden und verhindern das Reißen der Weidetiere durch Bären, Luchse oder Wölfe.

Adresse Biodiversity-Farm, Cobor 507231, cobor-farm.ro, Tel. +40/770963238; Kontakt zur Stiftung Fundația Conservation Carpathia über www.carpathia.org | Tipp Die Stiftung hat in Transsilvanien eine Initiative zum Schutz der uralten Buchenwälder gestartet und bietet Führungen in den Urwäldern an.

88 Die Straßenhändler von Brateiu

Glänzende Dächer, Töpfe und Geschäfte

Zu den traditionellen Berufen der Rromi zählen neben den Pferdehändlern, Korbflechtern und Holzarbeitern auch die Goldsucher sowie die Silber- und Kupferschmiede. Vor allem die Edelmetalle in den Bergen und Flüssen der Karpaten hatten die verschiedenen Völker der Rromi einst nach Transsilvanien gelockt. Dabei gilt vor allem die Kupferschmiedekunst als eines ihrer ältesten Handwerke. Alles begann einst mit dem Verzinnen von Kesseln und Töpfen. Später kamen Spezialisten, wie Siebmacher, Löffelmacher und Zinkdachschmiede, hinzu. Rromi-Kupferschmiede finden sich auf dem ganzen Balkan, aber die bekanntesten sind die »Căldărarii«, die Kesselmacher Transsilvaniens.

Die Kesselmacher des Dorfs Brateiu stellen grundsätzlich ihre eigenen Werkzeuge aus Holz, Eisen, Kupfer oder Messing her. Mit selbst gefertigten Blechscheren, Holz- und Schmiedehämmern sowie Ambossen vermögen sie mit bis zu tausend Schlägen Krüge, Pfannen und Karaffen aus dem Kupfer zu treiben. Früher reisten die Kupferschmiede als Wanderhandwerker von Dorf zu Dorf. Sie hatten keine stationären Schmieden, sondern trugen alle Werkzeuge stets mit sich und richteten ihren Arbeitsplatz in jedem Dorf neu ein.

Heute zählt die Gemeinde Brateiu zu den berühmtesten Orten der Kupferschmiedekunst. Am Straßenrand blinken und blitzen die eindrucksvollen Stufendächer der Rrom-Familien um die Wette. Und im Wettbewerb stehen diese Gebäude tatsächlich, denn jeder Schmied wetteifert mit seinen Nachbarn um die kunstvollste Art, die Dächer in Szene zu setzen. Die glitzernde Schmiedekunst treibt dabei mitunter wunderbare Blüten. Und das im wahrsten Sinne des Wortes, denn selbst Regenrinnen sind oft reich mit blechernen oder zinnernen Fahnen oder Tiermotiven verziert. Fein ziselierte, strahlende und glitzernde Metallkunst am Wegesrand, die man kaum übersehen kann.

Adresse Die Gemeinde Brateiu (557056) liegt acht Kilometer östlich von Mediasch. Die Straßenhändler und ihre Maharadscha-Paläste sind an der einzigen Durchgangsstraße unübersehbar. | Tipp An der östlichen Ortsausfahrt von Mediasch sieht man linker Hand an der Bushaltestelle eine riesige Rakete, die an den Raumfahrtpionier Hermann Oberth erinnern soll.

89 Das Strohhutmuseum

Ort der gigantischen Schattenspender

Das reich verzierte Holztor und das schöne blaue Bauernhaus sind im Dorf Crișeni nicht zu übersehen. Lajos Szőcs, dessen Familie seit drei Generationen traditionell Strohhüte herstellt, eröffnete 2001 das einzige Strohhutmuseum Transsilvaniens. Im Kreis Harghita gab es über die Jahrhunderte eine reiche Tradition in diesem heute so seltenen Handwerk. Allein in Crișeni lebten bis zu 60 Menschen davon, Hüte und Haushaltswaren aus Stroh herzustellen.

Betritt man den großen Hof des Bauernhauses, fallen zuerst die vielen grünen und blauen Wegweiser ins Auge. Eine schöne Idee von Lajos Szőcs, den ersten Besuchern seines Museums einige Wegweiser in deren Heimat zu widmen. Budapest, Györ und Debrecen ist da, inklusive der Kilometerangabe, zu lesen, und schnell wird klar: Die meisten der ersten Besucher kamen aus Ungarn. Mittlerweile aber sind auch Wegweiser hinzugekommen, die auf Besucher aus Berlin, London oder Montreal verweisen.

Ins Auge fällt der weltweit größte – leider untragbare – Strohhut, den man im Innenhof mit seinen imposanten fünf Metern Durchmesser bewundern kann. Aber auch der größte tragbare Strohhut Europas ist markant. Den Giganten darf man sogar anprobieren. Er hat einen Durchmesser von zwei Metern und wiegt 2,65 Kilo. Für die Herstellung wurden 500 Meter Strohgeflecht und 1,5 Kilometer Garn verwendet.

Um das Museum populärer zu machen, dachte sich der Betreiber weitere Attraktionen aus. Bereits als kleiner Junge war er von jenen sonderbaren Steinen fasziniert, die von Flüssen glatt geschliffen wurden. Im Laufe der Jahre wurde die Steinsammlung immer größer und ist heute im Innenhof des Museums zu bewundern. Mittlerweile bringen auch die Besucher solche Steinwunder mit, die eigenartige Konturen zeigen. So sind hier, neben Tierformen, nun auch Steinprofile berühmter Persönlichkeiten und sogar Lenins Mütze in Stein zu entdecken.

Adresse Das Szalmakalap Múzeum ist zu finden in der Strada Gergely 229, Kőrispatak (Crişeni 537006), korispatak.ro | Tipp Im zehn Kilometer entfernt gelegenen See, dem Lacul Bezit, gibt es eine einst versunkene Kirche, die aber, aufgrund der Klimaerwärmung, nun wieder am Ufer steht und in den nächsten Jahren restauriert wird – ein sehenswertes Kuriosum!

90 Die Szeklertore in Sóvárad

Augenbrauenkunst und leere Taubennester

Vier Kilometer vor dem Kurort Sovata rauscht der Verkehr permanent durch die Hauptstraße des kleinen Dörfchens Sóvárad. Wie ihr berühmter Nachbarort ist die kleine Gemeinde im Szeklerland wunderschön in eine bewaldete Hügellandschaft und die über 1.000 Meter hohen Berge eingebettet. Allerdings führt das erstmals 1332 als Varad erwähnte Dorf touristisch ein Schattendasein. Westlichen Besuchern, selbst solchen, die des Ungarischen mächtig sind, ist der auf Rumänisch Sărățeni genannte Ort meist völlig unbekannt.

Dabei gibt es hier wunderschöne Szekler-Holztore in großer Fülle zu bewundern. Die Holzschnitzkunst wird im ausschließlich ungarischsprachigen Dörfchen Sóvárad seit über 100 Jahren gepflegt und von Generation zu Generation weitergegeben. Die älteste Inschrift in der Stradă Principală 494 weist ein Tor mit »Geschnitzt 1852 – Épitete Katso Josef« auf. Bis heute ist es üblich, den Namen des Bewohners und das Datum der Schnitzerei auf dem Tor zu nennen.

Motivisch tauchen immer wieder die klassischen Szekler-Dekore auf: Tulpen, die Sonne und der Mond. Die imposantesten Portale integrieren auch reich ornamentierte Taubenhäuser in die Holzkunst. Auch wenn diese heute wohl nur noch symbolischen Wert haben, da nistende Tauben weit und breit nicht zu sehen sind.

Der größte Holztorschnitzer von Sóvárad ist kurz nach der Jahrtausendwende verstorben. Über 40 von József Tóth geschaffene Holzportale sind im Dorf zu bewundern. Seine wunderbaren Arbeiten bestechen vor allem durch florale Motive. Heutige Holzkünstler schnitzen oft länger als einen Monat an einem der kostspieligen Portale. Doch leider gibt es immer weniger Holztorschnitzer. Der Sohn von József Tóth gibt unumwunden zu, er habe zwei linke Hände. So geht auch das alte Wissen um sogenannte Augenbrauenhölzer und die Krabbenfußtechnik nach und nach verloren.

Adresse Die meisten Holztore finden sich in der Stradă Principală (Hauptstraße), Sóvárad 545504. | Tipp Der benachbarte Kurort Sovata lockt mit dem wohl bekanntesten Salzsee Rumäniens, dem Bärensee, sowie zahlreichen Thermalbädern.

91 Die technische Wunderkammer

Der Tanz der kinetischen Objekte

Keine Frage, all das, was man in der technischen Wunderkammer von Levente Kiss sehen kann, erinnert an Geräte aus dem 18. Jahrhundert. Alles sei, so der Schöpfer, aus Nostalgie geboren worden. Eine Sehnsucht nach einer Welt, die längst verloren gegangen ist. Heute, so der ehemalige Lehrer Kiss, gäbe es nur noch elektrische Maschinen, deren Ästhetik leider sehr zu wünschen übrig ließe.

Den Namen, den die Werke tragen, sagt Kiss, solle man nicht zu viel Bedeutung zumessen. Alles sei nur ein Spiel. Den Spaß daran, der Schöpfer dieser Komplexität zu sein, merkt man Levente Kiss an. Seine Augen funkeln wie die eines neugierigen Kinds, wenn er seine mechanischen Wunder bewegt. Levente geht zu einem Werk, das »Der Brunnen« heißt. Er setzt die der Zentrifugalkraft gewidmete Kunst in Bewegung, und der Brunnen beginnt sich zu drehen und schleudert Wasser in die Luft. Wasser, das sich durch die Bewegung nun selbst in eine Luftplastik verwandelt. Schlanke Fontänen kommen aus der Maschine und zeichnen symmetrische Kurven in die Luft. Ein Ballett tanzender Wasserfontänen. Der flüssige Teil des mechanischen Werks tanzt gleichsam durch die Luft.

In der Wunderkammer von Levente Kiss sieht man Waagen, goldene Zahnräder, Pendelkunst, die an ein Metronom erinnert, eine Kugel, die sich wie ein Planet dreht. Alles ein rhythmisches, sanftes Spiel. Leise Maschinen, die eher plätschern als rattern.

Seit Levente Student war, ist das Feuer des Erfindens in ihm entbrannt. Wie man zweifellos sieht, hält die schöpferische Tätigkeit jung. Alles verwandelt sich in Spiel, in Freude und dient letztlich der Entschleunigung. Denn obwohl sich jede seiner metallenen Plastiken bewegt, strahlen sie überraschenderweise auch Ruhe aus. Keine Hektik. Ein Pendel ist zu sehen, das eine hypnotische Wirkung hat. Wann hat man so etwas je gesehen? Technik, die entspannt.

Adresse Levente Kiss, Strada Tudor Vladimirescu 125, Targu Mureș 540521 | Tipp Unweit von Targu Mureș liegt Absdorf (Acăţari), ungarisch Akosfalva, ein Dorf der Besenbinder. Man erkennt sie leicht an den Besen, die sie direkt an die Straße stellen.

92 Die Tempelhöhle von Şinca Veche

Die fallende Kuh und die Kultstätte

An geheimnisvollen Orten herrscht in Transsilvanien wahrlich kein Mangel. Der Felsentempel Ursitelor am Pleşu-Hügel nahe Şinca Veche ist besonders rätselhaft. Die Forschung ist sich zwar einig, es im Ţara Făgăraşului mit einer über 2.000 Jahre alten dakischen Siedlung zu tun zu haben, die letztlich zum christlichen Mönchs- und Eremitentempel wurde, jedoch sind wichtige Aufzeichnungen über ihre Entstehung in der Zeit der österreichisch-ungarischen Monarchie entwendet oder zerstört worden. Bekannt ist, dass sich zur Zeit Maria Theresias Mönche in der Höhle versteckt hielten. Erst 2005 wurden die Felskammern wiederentdeckt, nachdem eine Kuh in die Höhle gefallen war. Die in den Felsen gegrabene, nur von einer dünnen Grasnarbe bedeckte Höhle war sehr gut getarnt.

Zu besichtigen sind heute neun Höhlenkammern, wobei eine fast spiralförmig sich nach oben windende Felsöffnung am eindrücklichsten ist. Es handelt sich um einen durch Regen- und Schmelzwasser geschaffenen Lichtdom. Sanft fluten die Sonnenstrahlen ins Innere der Höhle in einen kapellenartigen Raum. Dort werden wundertätige Öle verkauft, aber auch zahlreiche Reliquien verschiedener Heiliger in Silberschatullen gezeigt, wie die vom Berg Athos stammende des heiligen Nektarios von Ägina.

Vor der Hauptattraktion, dem großen Höhlentempel, bilden sich vor allem an Feiertagen und Wochenenden lange Schlangen. Man sieht neben dem imposanten, lichtdurchfluteten Felskammerturm einen alten Ofenherd, Töpferwaren und religiöse Gegenstände, die auf die Zeit der Mönche verweisen. In der von einigen Holzpfeilern gestützten Grotte befinden sich auch ein Altar, der Kopf eines mysteriösen Mannes im Profil, ein Davidstern und ein in den Felsen geritztes Hexagramm. Trotz all der Exponate weiß letzlich aber niemand, wer diese mysteriöse Tempelhöhle einst gebaut hat.

Anfahrt Şinca Veche (507206) liegt zwischen Făgăraș und Brașov. Der Weg zum Felsenkloster, auf Rumänisch Manastirea Rupestra Şinca Veche, ist gut ausgeschildert. | Tipp Sehenswert ist die Festung Făgăraș in der gleichnamigen Stadt im Kreis Brașov.

93__The Box

Das Wunder der luftreinigenden Farbe

Das jährlich stattfindende »Sibiu Street Art Festival« ist sicherlich eine der spektakulärsten Kunstveranstaltungen Europas. Wer durch die Stradă Hipodromului und ihre Nachbarstraßen in Hermannstadt schlendert, wird seinen Gang unweigerlich verlangsamen. Denn die hausgroßen Wandmalereien, die man sehen kann, sind wirklich Hingucker.

Zu den innovativsten der dort verewigten Künstler zählt Cristian Scutaru. Normalerweise unterrichtet er in seinem Bukarester Atelier Kunst für Kinder und Erwachsene, betrachtet die Wandmalerei im öffentlichen Raum aber als wesentliche Bereicherung seiner Arbeit. Meist könne er bereits während der Entstehung des Kunstwerks die Reaktionen der Betrachter in seine Werke einfließen lassen. Vor allem dann, wenn ihm die Bewohner und Besucher des Viertels Lob oder Kritik zurufen, während er auf dem Gerüst steht. Er liebe diesen unmittelbaren und spontanen Dialog zwischen dem Künstler und dem Publikum.

Cristian Scutaru, der die Wandmalerei an der Fakultät für dekorative Kunst bei Professor Mihály Jenő Bartoș in Iasi erlernte, versucht sich in seiner Arbeit auch an einem Dialog der Sinne, wie er es nennt. »Eine Symbiose zwischen der Natur und dem zeitgenössischen Menschen«, sei das, »zwischen Wahrheit und Illusion und ein Überdenken menschlicher Werte«. »The Box« lässt an Kindheitsspiele denken, bei denen Realität und Phantasie nicht zu unterscheiden sind.

Auf der Zid Art Bacau begann der Künstler erstmals, eine selbstreinigende Farbe einzuführen. Sein innovatives Pigmentpulver wird abschließend auf die Wand aufgetragen und entfaltet nach Regenschauern seine reinigende Wirkung. Das Verwirklichen eines Bildes in Acryl-, Öl- oder Sprühfarben auf großen Flächen erfordere große körperliche Anstrengung, so Scutaru. Aber irgendwann entstehe dann die Wahrheit, ein Moment, in dem man sich öffnen und mit der Erde und dem Himmel eins werden möchte.

Adresse Strada Hipodromului 2, Sibiu 550360 | Tipp Auch in den Seitenstraßen der Strada Hipodromului entstehen jährlich neue Wandmalereien. Ein Bummel durch das Viertel lohnt sich.

94 Die Tiroliana

Zipline am Cheile Turzei

Von Cheia kommend bietet sich unweit der Straße 1030 von einem Berg eine spektakuläre Aussicht auf die gegenüberliegenden weißen Steilwände der Turda-Schlucht. Diese auf Rumänisch Cheile Turzei genannte Kalksteinklamm ist eine Karstlandschaft von seltener Wildheit. Hohe und steile Klippen, scharfe Grate, Felstürme, zerklüftete Täler und dunkle Grotten prägen die Schlucht. Auf einer Länge von 1.300 Metern hat sich der Fluss Hășdate im Laufe der Jahrtausende tief ins jurassische Kalkgestein gegraben.

Doch auch die Menschen haben seit jeher an dieser Schluchtlandschaft mitgewirkt. Bereits in dakischer und römischer Zeit wurden Kalksteinblöcke aus dem Bergmassiv gebrochen. Noch im 19. Jahrhundert waren die Spuren des römischen Steinbruchs deutlich sichtbar. Archäologen fanden Keramik und Münzen aus der Zeit des Kaisers Domitian (von 81 bis 96 nach Christus) und konnten anhand der Spuren an den Kalksteinen auch die Steinbruchtechniken der Römer rekonstruieren.

Wer sich heute auf ungewöhnliche und moderne Weise den über 300 Meter hohen Steilwänden der Turda-Schlucht nähern möchte, kann dies per »Tiroliana« tun. So nennen die Rumänen, ähnlich den Schweizern und Franzosen, die Seilrutsche, die bei uns auch als »Zipline« oder »Flying Fox« bekannt ist. Die Tiroliana, die in Transsilvanien im unwegsamen Gelände auch in der Bergrettung verwendet wird, wurde gegenüber der Schlucht zum rasanten Funsport-Gerät. Mit einer Geschwindigkeit zwischen 80 und 100 Stundenkilometern rauschen die Touristen ins Tal und haben dabei die gigantischen Kalkfelsen und das weite, offene Tal direkt im Blick. 600 Meter beträgt die Länge des Stahlseils. Ein zugebenermaßen recht kurzes Vergnügen, denn der Höhenunterschied von 100 Metern wird in weniger als einer Minute zurückgelegt. Wer mehr als 75 Kilogramm wiegt, benötigt einen Fallschirm, um die Geschwindigkeit zu drosseln.

Adresse Tiroliana Cheile Turzii, Principală fara numar, Cheia 507135, lupea.adventure@yahoo.com, Tel. +40/752791288 | Tipp Von Cheia lohnt ein Ausflug zu den Ciucaș-Wasserfällen. Über die Strada Arieșului nach Süden, nach zwei Kilometern ist der Weg zu den Wasserfällen ausgeschildert.

95 Die Uhr im Stundturm

Schäßburgs pünktliche Holzfiguren

Ein mächtiger, aus dem 14. Jahrhundert stammender Turm ist das alles überragende Bauwerk und Wahrzeichen der mittelalterlichen Stadt Schäßburg. Bis zur Reformation befand sich an dieser Stelle das Rathaus der Stadt. Im Jahr 1604 wurde der Turm erstmals mit einem hölzernen Uhrwerk ausgestattet und erhielt seinen heutigen Namen Stundturm (Turnul cu Ceas). Im Jahr 1648 wurde das Holzuhrwerk durch ein neues Uhrwerk aus Eisen ersetzt.

Der aus Königsberg stammende Uhrmacher Johann Kirschel baute im gleichen Jahr einen Minutenzeiger ein, versah die Uhr mit einem Mechanismus für den Viertelstundenschlag und ergänzte die beiden großen Zifferblätter um jeweils eine Gruppe beweglicher, von ihm geschnitzter Götterfiguren. An jedem der sieben Wochentage tat nun eine andere Figur in einer Mauernische neben dem Zifferblatt ihren Dienst.

Nach dem großen Stadtbrand im Jahr 1676, bei dem auch die hölzernen Figuren des Stundturms verbrannten, fertigte Johann Kirschel die Figuren nach den alten Entwürfen erneut an. Bis heute sind diese aus Lindenholz geschnitzten Figuren im Einsatz. Wer ins Museum des Stundturms hinaufsteigt, kann in einer Nische neben der Treppe die geschnitzten Figuren erkennen, die römische Götter und Wochentage symbolisieren. Merkur, der Gott des Mittwochs, ist ebenso wie alle anderen Figuren rückseitig hohl. Das verleiht dem Holz, das nicht so leicht reißt, mehr Stabilität.

Nicolae Tescula, der Direktor des im Stundturm ansässigen Geschichtsmuseums, verweist auf die mechanischen Figuren der Uhr: einen Trommler, der die Stunden angibt, sowie die symbolischen Figuren Henker, Frieden und Gerechtigkeit.

Vom sehenswerten Heimatmuseum, das von Josef Bacon gegründet und weiterentwickelt wurde, geht es hinauf auf einen umlaufenden Balkon in 30 Metern Höhe, der einen spektakulären Blick auf Schäßburg bietet.

Adresse Unübersehbar thront der Stundturm in der Strada Turnului, in der Oberstadt von Schäßburg (545400). | Tipp In unmittelbarer Nähe des Stundturms befindet sich das angebliche Geburtshaus von Vlad Drăculea III., dem historischen Vorbild für Bram Stokers Roman (Strada Cositorarilor 5).

96 Die Vârghiş-Schlucht

Das Ziel des Rattenfängers von Hameln

Für die Siebenbürger Sachsen hat die Vârghiș-Klamm im Osten Transsilvaniens eine ganz besondere Bedeutung. Denn über eine der 124 Höhlen der Schlucht erzählt man sich eine wunderbare Geschichte. Der Sage nach soll der Rattenfänger die Kinder der Stadt Hameln in die Almascher Höhle in ebenjener Schlucht entführt haben. In der Vârghiș-Schlucht sollen sie wieder ans Tageslicht gekommen sein und das Siebenbürger Land besiedelt haben. Wer sich in eisigen Wintern in die Almascher Höhle wagt, sieht mitunter Tropf-Stalagmiten, die durchaus an schaurig-schöne Eiskinder erinnern mögen.

Unter den Naturwundern des vier Kilometer langen Vârghiş-Schluchttals ist die Almascher Höhle sicherlich das am besten erforschte. Bereits in einer Gerichtsurkunde aus dem Jahr 1637 erwähnt, ist sie die erste Höhle, die in Siebenbürgen ausgiebig erforscht wurde. An der detaillierten Kartierung von Vermesser István Fekete aus dem Jahr 1836 kann man sich heute noch orientieren.

Was aber weckte früh das Interesse an der Schlucht und der Höhle, die auf Ungarisch nach dem Forscher Orban Balász, auf Rumänisch »Peştera mare de la Mereşti« heißt? Steigt man über die Eisentreppe den fast senkrechten Chudalo-Felsen zur Höhle hinauf, erkennt man zwei große Räume, den »Großen Saal« und den »Saal des Schwarzen Stephans«. Die Haupthöhle bietet an ihrer steil abfallenden Kante zum Tal eine schöne Einsicht in die Schlucht mit den steilen Felswänden gegenüber. Die Gesamtlänge der bekannten Gänge der Almascher Höhle beträgt 1.527 Meter. Sie ist mit Abstand die längste Höhle der Vârghiş-Schlucht.

Zum Juwel für Höhlenforscher wurde die Höhle durch die Entdeckung von Überresten eines prähistorischen Menschen. Einen Kilometer hinter dem Eingang fand man Halbedelsteine. In Kriegszeiten von Bewohnern der nahen Dörfer als Schutzraum genutzt, ist die Höhle heute ein Zufluchtsort für seltene Fledermäuse.

Anfahrt von Odorheiu Secuiesc nach Vârghiș / Vargyas 527180, dort zweigt ein Forstweg ab, der nach rund 15 Kilometern zu einem Parkplatz an der Vârghiș-Klamm führt | Tipp Am Beginn der Schlucht lädt das hübsche Dörfchen Körtövés zum Besuch und zur Übernachtung ein. Strada Körtövés 652, Vârghiș 527180, kortoves.ro/de/fooldal-de.

97 Die Via Transilvanica

Der Pilgerpfad durch die Karpaten

»Lasst uns nicht vergessen, dass unsere Träume, ob klein oder groß, wirklich wichtig sind. Ohne Ideale, befürchte ich, dass wir alle verschwinden würden. Deshalb sollten wir sie nicht aufgeben, egal, was passiert.«

Dieses Zitat des Langstreckenläufers Tiberiu Uşeriu aus seinem Buch »27 de paşi« (»27 Schritte«) bezieht sich auf seinen Erfolg bei einem der härtesten Rennen der Welt, nämlich dem 560-Kilometer-Rennen am Polarkreis namens »6633 Arctic Ultra«, das er 2017 als Erster beendete. Aber der Appell, seine Träume niemals aufzugeben, ist auch dem Projekt seines Bruders Alin Uşeriu gewidmet, der mit dem Verein »Tasuleasa Social« den längsten und ambitioniertesten Pilgerpfad Rumäniens initiierte.

Über eine Gesamtstrecke von 1.400 Kilometern führt die thematisch geprägte Route der Via Transilvanica zu den kulturell und landschaftlich interessantesten Orten Transsilvaniens. Dabei hat man die Wahl, ob man einzelne Etappen zu Fuß, mit dem Fahrrad oder auf dem Pferd bewältigen möchte. Es gibt keine Vorgaben oder Pflichten, der Genuss des Erlebens steht auf dem Pilgerweg im Mittelpunkt.

»Es geht um nichts mehr als die Wunder der Schöpfung, das Eintauchen in die kulturelle, ethnische, historische und natürliche Vielfalt Transsilvaniens.« Dem Statement und Ruf des Vereins, der als NGO auch zu den wichtigsten rumänischen Akteuren im Umweltschutz zählt, folgten bereits Abertausende von Naturfreunden.

Die Geschichte des Extremsportlers Tiberiu Uşeriu, der den Erlös seiner Autobiografie für die Errichtung des Pilgerwegs spendete, ist absolut hollywoodreif. Als Jugendlicher auf die schiefe Bahn geraten, saß er nach Überfällen und Juwelendiebstahl über zehn Jahre hinter Gefängnismauern. Auf engstem Raum trainierte er für seinen heutigen Extremsport. Die Pilgerinitiative seines Bruders half ihm bei seiner Rehabilitation – inzwischen leiten sie den Verein gemeinsam.

Adresse Die individuell aus Granit gemeißelten Markierungssteine der Via Transilvanica begegnen einem an sehr vielen Orten des Landes. Besonders sehenswert ist der orange gefärbte Markierungsstein in Kreisch (547201) an der Straße 143, neben dem dörflichen Gymnasium. | Tipp Auch vor dem gemeinnützigen Zentrum des Sängers Peter Maffay findet sich ein dem Tabaluga-Drachen gewidmeter Meilenstein. Strada Principală 91, Radeln / Roadeș 507038.

98 Die Villa Hermani

Die schönste Terrasse der Karpaten

Wer hier nicht ins Schwärmen kommt: Man sitzt in den Südkarpaten auf 1.000 Metern Höhe bequem vor einem guten Wein und einem saftigen Rinderragout auf einer Terrasse und schaut ehrfurchtsvoll auf einen Ausschnitt des Königstein-Gebirges. Majestätisch ragt der Gipfel La Om mit seinen 2.238 Metern aus der zweitgrößten Gebirgskette Europas. Eine Traumkulisse! Auch im Winter sind die dann mit Zuckerguss überzogenen Berge eine Augenweide. Katherina und Hermann Kurmes, die bei einer Bergwanderung im Bergdorf Măgura einst auf die Idee gekommen sind, eine Pension zu errichten, gehören zu den Wegbereitern des naturnahen, nachhaltigen Tourismus in Rumänien.

Die Aussicht auf die Bergkulisse und die Möglichkeiten, die sich Besuchern der »Villa Hermani« bieten, sind einmalig. Zwischen dem Königstein-Gebirge und den Bucegi-Bergen gelegen, ist das prachtvolle Hohenzollernschloss Peleș ebenso gut erreichbar wie Kronstadt und die Festung in Rosenau. Ganz in der Nähe liegt das größte Bärenreservat Europas. Auch eine Wanderung zur vermeintlichen Dracula-Burg Bran oder ein Ausflug zum Baumstriezelbacken in Wolkendorf sind beliebt. Doch zu den Highlights, die die Gründer von »Carpathian Nature Tours« und Pioniere eines Schutzprogramms für Bären, Luchse und Wölfe anzubieten haben, gehören die geführten Touren in die Wildnis.

Wer abends von den Bärenbeobachtungen in freier Wildbahn oder der Wanderung in die alpine Pflanzenwelt zurück in die warme Stube oder auf die Sonnenterrasse der Villa Hermani kommt, den erwarten kulinarische Köstlichkeiten. Authentisches Essen aus der Region, mit frischen, naturbelassenen Zutaten. Es wird Zeit, dass Katharina Kurmes und ihre Köchinnen endlich ein transsilvanisches Kochbuch schreiben. Beginnend mit der hausgemachten Pilz-Zacuscă, dem Rinderragout mit Sauerrahmsauce und dem frischen Pflaumenkuchen. Alles in der Villa Hermani ist ein Gedicht!

Adresse Villa Hermani, Sat Măgura 130, Măgura 507133, Tel. +40/740022384 (deutschsprachig), office@cntours.ro | Tipp Das Bärenreservat bei Zărnești ist das größte Bärenschutzzentrum Europas und von Măgura aus in 30 Minuten zu erreichen.

99 Viștea

Die Poesie der Steine

Wer sich in die Region Kalotaszeg begibt, um die kunterbunten Mitgiftzimmer, das Büffelglockenmuseum oder das große Musikfestival in Mera zu besuchen, der erlebt viel – könnte aber auch etwas verpassen. Denn hinter einer sehr scharfen Haarnadelkurve auf der Straße nach Mera verbergen sich verzauberte Prinzen, Zauberpferde, die transsilvanische Version von Aschenbrödel oder das Märchen von der redenden Weintraube. Viștea heißt das Dorf der Steinpoeten, an dem die Welt üblicherweise achtlos vorbeirauscht.

Gleich am Ortseingang erwartet einen eine Villa, deren strahlend weiße Kalksteinfassade von 1967 bis 1976 mit Ornamenten und Figuren aus Märchen und Legenden Transsilvaniens verschönert wurde. Eine Tafel verweist auf den Künstler, Steinmetzmeister István Török, der einige Märchenmotive verewigt hat. Seit über 140 Jahren wird das Steinmetzhandwerk in Viștea vom Vater auf den Sohn übertragen. Alles fing mit italienischen Steinmetzen an, die von der Habsburgermonarchie angeworben wurden, um ihre Kunst an die Handwerker Siebenbürgens weiterzugeben. Als besonders geschickt erwiesen sich einige Steinmetzmeister aus Viștea, dem ungarischen Magyarvista, dem Dorf der Steinpoeten. Heute sieht man ihre kunstvollen Motive an Palästen in Wien, Prag, Budapest oder Bukarest. Als Höhepunkt ihrer Arbeit gelten die dekorativen Zierfassen des schneeweißen Parlamentspalasts an der Donau in Budapest.

Der in den Steinbrüchen in der Nähe von Cluj abgebaute Viștea-Kalkstein, der auf Rumänisch Calcarul de Viștea heißt, wird von den Dorfbewohnern respektvoll als weißes Gold Transsilvaniens bezeichnet. Auch heute noch sind die Steinmetze aus Viștea, darunter diejenigen von Meister Levente Barta-Szallas, in ganz Europa tätig. Am schönsten sei es, so Steinmetz Ștefan Otvos, wenn sie den wilden Tanz des Landes, den famosen Csárdás, auf die Kalksteinfassaden zaubern dürften.

Adresse Viștea (407299) liegt 20 Kilometer westlich von Cluj an der 1J. Die ornamentreichen Häuser der Steinmetze findet man gleich am Ortseingang. | Tipp Das Restaurant Kalotavár Vendéglö, Hausnummer 268, am Ortsende an der Hauptstraße ist weit über die Grenzen Kalotaszegs für seine traditionellen Gerichte bekannt.

100_ Voltigieren in Köröspatak

Ein erfolgreiches Sozialprojekt für Romakinder

Gräfin Anna Kálnoky ist stolz auf die Romakinder, die aus dem kleinen Dorf Sepsikőröspatac im Szeklerland und den umliegenden Gemeinden stammen. Das Reiten und Voltigieren scheint ihnen im Blut zu liegen. Ein von der Gräfin ins Leben gerufenes, unter der Schirmherrschaft des Malteser Hilfsdienstes stehendes Sozialprojekt erweist sich nach einigen Jahren als voller Erfolg. Die Idee, die Kinder im Rahmen eines Programms motorisch und turnerisch zu schulen, ihnen aber auch Verantwortung für die Pflege und Fütterung der Pferde zu übertragen, ist nur ein Aspekt der Möglichkeiten, die sich den Kindern bieten. In weiteren Workshops entfalten die Kinder ihr Talent zum Tanzen, Weben, Tischlern oder Schneidern.

Sie heißen Robi, Dénes oder Magor und schauen sich bei den Älteren oder beim Pferdetrainer Szabolcs Ambrus ab, wie man auf dem Rücken der Pferde balanciert. Mittlerweile zeigen sie ihre Reitkünste auf kulturellen und sportlichen Festen im ganzen Szeklerland. Das freie Stehen auf dem Pferd erfordert nicht nur einen guten Gleichgewichtssinn, sondern auch Beharrlichkeit und Mut. Die Figur der Schere ist eine der schwierigsten Figuren des Voltigierens und benötigt Koordinationsvermögen, weil man im Rückwärtssitz landet und vorher umgreifen muss. Auch die Figur der Mühle ist für die voltigierenden Kinder eine große Herausforderung, die viel Disziplin erfordert.

Gräfin Kálnoky betont, wie wichtig und wegweisend der Umgang mit den Tieren und den Trainern für die Romakinder ist. Sie haben Vorbilder, tragen Verantwortung und bekommen eine berufliche Perspektive aufgezeigt, erhalten also Vertrauen in die Zukunft. Letztlich erlernen sie durch das Kunstreiten auf spielerische Weise wichtige Dinge, die das Leben erfordert. Die Kinder werden ehrgeiziger, disziplinierter, ausgeglichener und hatten zu guter Letzt sogar bessere Noten in der Schule.

Anfahrt Köröspatak, rumänisch Valea Crișului (527165), liegt am gleichnamigen Flüsschen und am DJ 121A, neun Kilometer nördlich der Kreishauptstadt Sfântu Gheorge (Sankt Georg). Kontakt über transylvaniancastle.com | **Tipp** Empfehlenswert für Pferdefreunde sind Ausritte im Szeklerland und die urigen, authentischen Gästehäuser in Köröspatak (Tel. +40/742202586 oder die oben angegebene Webseite).

101 Der Vulkansee

Von den Tränen des Himmels gefüllter Krater

Noch vor 10.000 Jahren gab es im Ciomatu-Puturosu-Massiv in den Ostkarpaten ein pyroklastisches Feuerwerk. Lavabomben flogen durch die Luft, und Aschewolken bedeckten über Monate den Himmel. An den steilen Flanken des Vulkans Ciomatu Mare flossen Glutlawinen ins Tal. In den Jahrhunderten nach seinem letzten Ausbruch kam der aktivste Vulkan der Karpaten langsam zur Ruhe, und sein Krater füllte sich mit Regenwasser. Das dadurch entstandene, auf einer Höhe von 950 Metern liegende Gewässer ist der einzige vulkanische See Osteuropas. Sfânta Ana, Heilige Anna, nennen die Rumänen den fast kreisrunden Kratersee, der bis heute keine andere Quelle als die Wolken kennt.

Diese geologisch-meteorologische Besonderheit ließ viele Sagen entstehen, die sich auf die Tränen des Himmels beziehen, die den See speisen. Zwar darf man im sauerstoffarmen Gewässer nicht schwimmen, doch über Wanderwege kommen die Menschen aus Băile Tușnad und anderen Gegenden des Szeklerland dennoch gern ins Naturschutzgebiet und an den Vulkansee.

Die Reinheit des Seewassers gleicht der von destilliertem Wasser, und ein lokaler Aberglaube besagt, dass diejenigen, die ihre Hände mit dem Seewasser waschen, das ganze Jahr über von der Seefee beschützt werden. Auch die nahe gelegene, kleine, der heiligen Anna geweihte Kapelle wird auf der Natur- und Pilgerreise gern einbezogen.

Der Wasserspiegel des Sees sinkt durch Verdunstung und fehlende Niederschläge unaufhörlich. Die maximale Tiefe des Sees betrug 1867 zwölf Meter, während die Wassertiefe heute bei lediglich sieben Metern liegt. Sehr wahrscheinlich wird den Sankt-Anna-See das gleiche Schicksal ereilen wie seinen Kraterzwilling Tinovul Mohoș. Dessen See hat sich bereits in einen sauren Sumpf verwandelt, in dessen Reich sich fleischfressende Pflanzen ausbreiten, deren klebrige Tropfen in Rumänien »Himmelstau« genannt werden.

Anfahrt Der Sankt-Anna-See ist über die DN 12 (Miercurea Ciuc-Sfântu Gheorghe) ab der Kreuzung mit der Kreisstraße 113 in Bixad zu erreichen. Von Tușnad Băi aus kann man ihn zu Fuß auf dem mit einem roten Kreuz gekennzeichneten Wanderweg – circa 4,5 Kilometer in circa 1,5 Stunden – erreichen. | **Tipp** Das Mineralwassermuseum ist eine einzigartige Sehenswürdigkeit im Zentrum der Gemeinde Băile Tușnad (535100).

102 Der Wald-Altar

Felsenkultstätte bei Râşnov

Folgt man im Süden von Râşnov im Stadtteil Dobrice, neben der alten romanischen Kirche aus dem Jahr 1384, dem Waldweg, der mit blauen Markierungen versehen ist, erreicht man nach ungefähr eineinhalb Stunden den Ort, den die Einheimischen Bisericuţa Păgânilor nennen, also Kirche der Heiden. Aber auch Templul Idolilor, Götzentempel, wird die eigenartige Felsformation oberhalb der Râşnoavei-Höhle genannt. Da man den Weg leicht verfehlen kann, weil die blauen Markierungen bereits verblasst sind, sollte man sich einen einheimischen Führer nehmen, der auch kürzere Strecken zu diesem mysteriösen Ort kennt.

An der Felsgruppe angekommen, wird man schnell feststellen, dass es sich, entgegen der populären Bezeichnungen, weder um einen Tempel noch um eine Kirche handelt. Man sieht nur eine Gruppe großer, runder Felsen, die plötzlich und unerwartet im Wald auftauchen. Doch das Echo der Geschichte hallt bis heute nach. In transsilvanischen Legenden taucht der Götzentempel, wie er von den deutschsprachigen Siedlern der Gegend genannt wird, immer wieder auf, und schnell wird klar, dass an den runden Opfersteinen wahrscheinlich Fürchterliches stattgefunden haben muss. Auch einige schwarze Feuerspuren deuten darauf hin, dass heutzutage immer noch jemand zum Gedenken oder zur Beschwörung der Geister an diesen Ort kommt. Eine andere Geschichte besagt, einige Türken hätten an ebenjener Stelle im Wald nach einem erfolglosen Angriff auf die Festung von Râşnov in der Höhle Râşnoavei Unterschlupf gefunden und zum Dank diesen »Steinernen Altar« errichtet.

Unbedingt sollte man einem Felsen einen Besuch abstatten, der etwa 50 Meter von der romanischen Kirche entfernt zu finden ist. Er nennt sich Belvedere und macht seinem Namen alle Ehre. Denn der schönste Tempel Transsilvaniens ist die prächtige Natur, die man von hier aus in voller Rundumsicht genießen kann.

Adresse Die Strecke zur Felsengruppe Bisericuţa Păgânilor ist mit einem gelben Dreieck ausgeschildert. Sie ist in 30 Minuten zu Fuß von dem Drumul Albastru genannten Weg zwischen Braşov und Râşnov zu erreichen. | Tipp Die imposante, sehr sehenswerte Festung von Râşnov ist ein Muss und bereits aus der Ferne zu erkennen, denn sie schwebt – samt weißen Hollywoodbuchstaben – hoch und erhaben über der Stadt.

103 Das Waldschloss Varjúvár

Ein verstecktes architektonisches Juwel

»Es soll schön und angenehm für das Auge sein, und ich will, dass mein Hof, von dem ich jedes Stückchen selbst erworben, jeden Grashalm selbst gepflanzt, jedes Gebäude selbst gebaut habe, so an meine Hinterbliebenen weitergegeben wird.«

Worüber der Designer, Schriftsteller und Politiker Károly Kós spricht, das können wir heute nordöstlich von Huedin inmitten der Natur bewundern. Kós, der bereits das Szekler-Museum in Sfântu Gheorghe sowie die reformierte Kirche in Cluj und den Budapester Zoo architektonisch gestaltet hatte, verwirklichte in der Region von Kalotaszeg, mitten im Wald, in den Jahren 1909/10 seinen Traum von einem ganz besonderen Refugium.

Wer das Waldschloss mit dem markanten schindelgedeckten Rundturm besuchen möchte, muss eine Stunde Fußmarsch vom Dorf Stana in Kauf nehmen. Denn Károly Kós hat sein architektonisches Märchen ganz bewusst in den Wäldern Transsilvaniens, weit abseits aller Straßen, errichtet, um in völliger Abgeschiedenheit und Ruhe arbeiten zu können.

So wirkt das Waldschloss auf uns heute wie ein Wunder, das märchenhaft und plötzlich zwischen den Tannen auftaucht. Kós hat viele Merkmale aufgegriffen, die er an der Volksarchitektur der Region Kalotaszeg besonders liebte. Auch wenn er wohl kaum »jeden Grashalm selbst gepflanzt« hat, so trifft dies doch zumindest metaphorisch zu, denn alle kleinen Details, von den einzigartigen Türen und Fenstern bis hin zu jedem Griff, Türknauf und Scharnier, wurden von ihm gestaltet.

Im Oktober 1944 plünderten die Bewohner des Nachbardorfs Nadășu den gesamten Ort Stana, einschließlich des von Károly Kós erbauten Schlosses Varjúvár. Gleichzeitig zerstörten sie das ebenfalls von Kós errichtete Gebäude Varjú-tanya (Krähenfarm) auf dem Hügel oberhalb der Villa, in dem der Künstler gearbeitet hatte.

Anfahrt 50 Kilometer von Cluj-Napoca entfernt, auf der Straße, die nach Gilău und Căpușu Mare führt, weist vor dem Dorf Nadășu (407341) ein Schild den Weg zur Festung Varjúvár. Die letzten zwei Kilometer sollte man zu Fuß gehen. Das Schloss (in Privatbesitz) liegt versteckt rechts hinter einer Baumgruppe. | Tipp Fünf Kilometer nördlich des Waldschlosses liegt die Ruine der Festung von Almasch (Cetatea Almașului).

104 Das Wasserkraftwerk

Reise zum Anfang der Elektrifizierung

Wer die große Halle des »Muzeul Energetic Sadu I« betritt, mag sich fühlen, als sei er in eine Zeitmaschine versetzt worden. Zurückversetzt werden wir ins Viktorianische Zeitalter, ins ausgehende 19. Jahrhundert, in dem auch in Transsilvanien Technik und Mechanisierung Einzug hielten. Die im Maschinenraum zu sehenden Generatoren und Turbinen, die erstaunlicherweise auch heute noch allesamt in Betrieb sind, erinnern mit ihrem retro-futuristischen Äußeren an Exponate einer Strömung, die sich »Steampunk« nennt. Es sind Maschinen, die teilweise über hundert Jahre auf ihrem metallenen Buckel haben, allerdings erstaunlich modern wirken.

Die Reise des ersten Elektrizitätswerks Rumäniens begann 1895. Die Idee stammte von Dr. Carl Wolff, einem Volkswirtschaftler. Realisiert wurde das Elektrizitätswerk im gleichen Jahr von Oskar von Miller, einem deutschen Ingenieur. Wenn man bedenkt, dass das erste Elektrizitätswerk in Deutschland nur zehn Jahre vorher, im Jahr 1885, in Berlin in Betrieb ging, zählt das Werk von Millers zu den Pionierwerken in Europa.

Bereits ein Jahr nach der Konstruktion versorgte der Betrieb die Gemeinden Zoodt (das heutige rumänische Sadu), Heltau und Hermannstadt mit Strom. Hermannstadt verdankt den Ideen Carl Wolffs auch die erste elektrische Straßenbahn Rumäniens, die 1904/05 ihren Betrieb aufnahm und ihren Strom aus ebenjenem Kraftwerk am Fluss Sadu bezog.

Ursprünglich waren, wie man im ersten Stock des Museums erfährt, nur drei Turbinen und zwei Dampfmaschinen in Betrieb. Die Girard-Turbinen wurden dann 1902 und 1905 sukzessive durch 350 PS starke Francis-Turbinen und Einphasengeneratoren ersetzt. Die Maschinen aus der Gründerzeit wurden 1925/26 modernisiert und auf Dreiphasenstrom umgestellt. Somit stammen alle imposanten Generatoren und Maschinen, ja selbst die riesigen und robusten Werkzeuge, aus der Frühzeit der Elektrifizierung.

Adresse Das Museum »Sigmund Dachler« (Muzeul Energetic Sadu I) ist nach dem ersten Leiter des Kraftwerks benannt. Man findet es südlich des Orts Sadu (557220), an der Hauptstraße links (Parkplätze rechts vorhanden). Besichtigung nur nach Vereinbarung, Tel. +40/269568557 | Tipp Die Forellenzucht Tatu Sadu befindet sich einige Kilometer südlich des Kraftwerks am Fluss Sadu im Plaiu-Tal (Păstrăvăria Tatu Sadu).

105 Die Wassermühle von Bologa

Die wohl schönste Waschmaschine der Welt

Vor etwa 200 Jahren kam in Bologa jemand auf die Idee, eine Wassermühle, die einst zum Mahlen von Getreide diente, in eine Waschmaschine für Teppiche zu verwandeln. Seitdem ist das, was die heutige Besitzerin der Wassermühle, Morărița Floarea, ihren »wunderbaren Wirbelsturm« nennt, eine einzige Erfolgsgeschichte. Freundlich erzählt sie, mit Kopftuch und bunter Schürze ausgestattet, wie Besucher aus Kanada oder Japan den Weg zu ihr finden. Kein Wunder, denn die Fotos dieser famosen Holzkonstruktion sind längst viral gegangen. Von einem hübschen Holzpavillon aus kann man der ökologischen Waschmaschine in aller Ruhe bei der Arbeit zuschauen.

Das Dorf Bologa liegt am Zusammenfluss des Crișul Repede und des Săcuieu und wird von den Einheimischen als »Mündung des Wassers« bezeichnet. Seit jeher wurden die Flüsschen als fleißige Helfer für die Müller eingesetzt. Fast jede Familie hatte früher eine Mühle, sagt Morărița Floarea. Heute ist nur noch diese eine übrig geblieben. Das Wasserrad, das sich seit Hunderten von Jahren stoisch dreht, versetzt einen Holzbottich in Rotation. Die großen Steppdecken oder Teppiche darin wurden vom starken Wasserstrudel ohne jeden Zusatz in 20 Minuten gereinigt.

»Eine grüne Großwäscherei, die ohne Waschmittel und Strom auskommt, aber über 200 Jahre ohne jede Reparatur in Betrieb war«, sagt Morărița Floarea stolz. Früher habe man zuerst Schafwolle gewaschen, da die bekanntermaßen am besten mit kaltem Wasser gewaschen wird. Dann sei man dazu übergegangen, auch Teppiche zu reinigen. Vor einigen Jahren habe sie sich für fotografierende Besucher mit einem langen Rundstab an den riesigen Bottich gestellt. Man habe Kleidung in die hölzerne Waschmaschine geworfen, und sie habe vorgeführt, wie man sie optimal verteilt. Inzwischen ist ihr das zu mühselig.

Adresse Moara de apă de la Bologa, Strada Principală 167, Bologa 407471 | Anfahrt Auf der Strecke von Oradea nach Cluj liegt 20 Kilometer vor Huedin der kleine Ort Bologa. Rechts von der Hauptstrecke führt der Weg gut ausgeschildert zur berühmten Wassermühle. | Tipp Bereits von der Mühle aus kann man die römische Festung, das Castrum von Bologa, erkennen. Der Aufstieg zu den Ruinen lohnt schon allein der herrlichen Aussicht wegen.

106 Der Wegweiser nach Luxemburg

Richtungsweisende Verbundenheit

Wer im Fogarascher Land dem 250-Seelen-Dörfchen Șona einen Besuch abstattet, trifft auf viel Rätselhaftes. Da wären zum einen die mysteriösen Pyramiden am östlichen Ortsausgang. Die symmetrischen Erdhügel erlauben einen weiten Blick über die Region Făgăraș und sollen vor 2.000 Jahren von den Dakern errichtet worden sein. Ein weiteres Rätsel ist jenes ominöse gelbe Verkehrsschild am westlichen Ortseingang, das die Richtung ins 1.973 Kilometer entfernte Esch-sur-Sûre in Luxemburg anzeigt.

Wer, so fragt man sich, hat die weite Reise von Luxemburg ins transsilvanische Dorf Șona auf sich genommen, um dort ein Straßenschild aufzustellen, das in die Heimat weist? Errichtet hat das Schild die »Vereinigung Rumänisch-Luxemburgischer Freunde«, die »Amities Roumanie-Luxembourg« aus Esch an der Sauer im Jahr 1996. Der luxemburgische Freundschaftsverein hatte damals die Schule in Șona renoviert und anschließend, als Zeichen der wegweisenden Verbundenheit, das Straßenschild aufgestellt.

Das Schild zeigt die Richtung an, aus der vor über 800 Jahren die Siedler kamen, die sich im heutigen Transsilvanien niederließen. Sie waren aus dem moselfränkischen Raum an den Karpatenbogen gezogen, betätigten sich als freie Bauern und Händler, bauten Städte und Kirchenburgen und brachten natürlich ihre Sprache mit. Noch heute können sich die Nachfahren der Siedler, die Siebenbürger Sachsen, ohne Mühe mit Luxemburgern in ihrer Mundart verständigen.

Aus der Verbundenheit der beiden Regionen entstand der gemeinsame Auftritt von Luxemburg und Sibiu alias Hermannstadt als europäische Kulturhauptstädte 2007. Es war eigentlich unmöglich, Sibiu als Kulturhauptstadt Europas zu bewerben, da Rumänien noch gar nicht Mitglied der EU war. Doch der gemeinsame Antrag mit dem befreundeten Luxemburg machte das Wunder möglich.

Anfahrt Auf der DC 66 sind es 8,8 Kilometer von Făgăraș bis Șona (517755). | Tipp Das »Casa Luxemburg« in Hermannstadt an der Piața Mică 16 ist zwar einige Kilometer von Șona entfernt, aber eben keine 1.973. Das Kulturzentrum wurde 2002 unter luxemburgischer Beteiligung ins Leben gerufen.

107 Der Wellness-Keller

Überraschung im Schloss Daniel in Tălișoara

Natürlich kann man im Schlosshotel Daniel in einem der noblen 20 Zimmer nächtigen. Sei es im Baldachinbett in der Schwanen-Suite mit historischem Kamin oder im Konstantinopel-Zimmer mit Originalfresken aus dem 17. Jahrhundert. Die Wandmalereien und Deckenfresken sind in fast jedem der Schlossräume vorhanden, hervorragend restauriert und gelten als Hommage des Fürstentums Siebenbürgen an das Ottomanische Reich. Im Konstantinopel gewidmeten Zimmer sieht man im Hintergrund die Türme und Minarette der Stadt am Bosporus, im Vordergrund den sich vor dem Sultan verneigenden Botschafter (angeblich Graf Daniel) samt prall mit Gold gefüllten Truhen.

Das wahrhaft Überraschendste und Spektakulärste hat man mit der Besichtigung der Zimmer aber noch längst nicht gesehen. Denn die über 350-jährigen Gemäuer im Keller des Schlosses wurden wunderbar restauriert und in einen in ganz Transsilvanien einmaligen Spa- und Wellnessbereich verwandelt. Früher diente dieses Cellarium des Renaissanceschlosses vor allem als Lagerraum. Heute ist es eine Oase der Ruhe und Erholung, da jeweils nur wenige Gäste diesen Bereich betreten dürfen. Es ist eine ganz besondere Zeitreise, in den Gemäuern des Cellariums aus der Renaissance eine Aromatherapie oder Massage genießen zu können. Der Schwerpunkt der Behandlungen liegt auf der Entschlackung und Regeneration.

Wer jemals die überfüllten Thermalbäder und den mit Menschen gefluteten Strand des Bärensees in Transsilvanien besucht hat, wird die Ruhe in diesen historischen Gemäuern zu schätzen wissen. Denn nur wenige Gäste erhalten, allein schon aufgrund der räumlichen Verhältnisse, Einlass. Oft genug ist man unter sich und floatet und gleitet völlig ungestört durch die sanft illuminierten Becken im uralten historischen Gewölbekeller. Empfehlenswert sind *last, but not least* die kulinarischen Genüsse des Schlosses Daniel.

Adresse Castel Hotel Daniel, DJ131, Tălișoara 520064, Tel. +40/725942787, danielcastle.ro | Tipp Auf keinen Fall sollte man die wunderbare Kirchenburg in Biertan (Birthälm) verpassen.

108 Die Wildhütte des Valea Verde

Paradies inmitten von wilden Narzissen und Orchideen

Wie sähe wohl das perfekte Picknick in Transsilvanien aus? An einen See fahren, auf eine blühende Bergwiese wandern, eine Decke inmitten der Natur ausbreiten und einen Blick auf die Wildnis genießen – all das kann man bekanntlich vielerorts. Allerdings drängeln sich an begehrten Plätzen die Menschen oft scharenweise. Eine Variante, die wilde Natur entspannt und völlig ungestört zu genießen, bietet eine Wildhütte beim Örtchen Cund. »Valea Verde Wilderness Observatory« lautet der komplette Name der charmanten Holzhütte inmitten eines malerischen Birnbaumgartens am Waldrand.

Ohne Anfahrt mit dem Auto oder längere Wanderung erreicht man den abgelegenen Ort ganz entspannt per Pferdekutsche. So als hätte man den Schlüssel zum Glück erhalten, hat man hier den Duft von wilden Orchideen und Narzissen in der Nase, während man – mit einem guten Glas Wein – auf der Holzterrasse sitzt und die blühenden Wiesen und den Waldrand nach Rehen absucht. Völlig zu Recht trägt die einstige Jagdhütte den Namen Observatorium. *Wilderness Watching at its best!* Einfach das Smartphone ausschalten und dem fröhlichen Vogelgezwitscher aus den Baumkronen lauschen. Der Gesang von Singdrossel, Grünfink, Stieglitz und Co. mischt sich unters Grillenzirpen. Oft kreisen Adler über dem Gebiet. Am schönsten ist es, wenn sich nach der Sichtung eines Rehs auf der Terrasse eine Libelle, ein roter Apollofalter oder ein Tagpfauenauge einfindet. Reisende Seelen werden die Schmetterlinge im Dorf Cund auch genannt. Schließlich sind sie nicht zuletzt wunderbare Indikatoren für einen gesunden Lebensraum.

Da die rot gestrichene Hütte auf Stelzen steht, ist die Sicht auf die Tier- und Pflanzenwelt ausgezeichnet. Die charmante Holzhütte verdeutlicht auf wunderbare Weise, wie luxuriös und elegant Schlichtheit sein kann.

Adresse Nur auf Anfrage teilt das Resort Valea Verde den Standpunkt der Hütte mit. Schließlich möchten die Gäste ungestört sein. Nur so viel: Vom Dörfchen Cund (547057) sind es 15 Minuten mit der Kutsche zur Hütte. Buchungen unter valeaverde.com/de, Tel. +40/371237117. | Tipp Der Restaurator Ștefan Vaida hat im Dorf Alzen/Alțâna im Harbachtal ein interethnisches Museum eröffnet. Besichtigung auf Anfrage über office@kirchenburgen.org

109 Die Windmühlen im ASTRA-Museum

Wo auch Transsilvanien am Rad dreht

Zugegebenermaßen ist Transsilvanien nicht das klassische Windmühlenland. Die windreichen, flachen Gegenden im Südosten, in der Dobrudscha und in Bessarabien am Schwarzen Meer, gelten in Rumänien als Landesteile mit den weitaus meisten Windmühlen. Im wasserreichen Transsilvanien war es früher hingegen wesentlich einfacher und effizienter, Wassermühlen einzusetzen.

Dennoch findet sich in Sibiu, im ASTRA-Museum, dem größten Freilichtmuseum Europas, die mit Abstand vielfältigste Windmühlen-Sammlung des Kontinents. Im Gegensatz zur landläufigen Meinung, alle Mühlen des Museums stammten aus der Dobrudscha, der Walachei oder dem Banat, sind dort überraschenderweise auch Exponate aus Transsilvanien zu sehen. Da es heutzutage am Karpatenbogen auch Windkrafträder gibt, darf es nicht verwundern, dass Müller bereits vor Jahrhunderten den Wind mit Flügelrädern einfangen wollten.

In Transsilvanien gibt es urkundliche Belege für die Existenz von Windmühlen bereits seit dem 16. Jahrhundert, wobei die ältesten Exponate des Freilichtmuseums in Hermannstadt allerdings nur etwa 170 Jahre alt sind. Darunter die Mühle aus Rogojel im Kreis Cluj aus dem Jahr 1853, die von allen Windmühlen in der Sammlung das größte Flügelrad besitzt. Bei der transsilvanischen Windmühle, die 1981 in das Museum überführt wurde, ist das Doppelgetriebe der originellste Teil. Es besteht aus zwei Zahnradpaaren mit Ritzeln und war dafür zuständig, die Anfangsgeschwindigkeit zu erhöhen, die aufgrund des großen Durchmessers des Rades sehr langsam war.

Übrigens sind alle Windmühlen des Museums noch funktionstüchtig und lassen sich bei ihrer Arbeit beobachten. So auch das älteste Exemplar des Museums aus dem Jahr 1833. Eine einzigartige, spektakulär schöne Mühle mit zwölf Segeln aus Stoff, wie sie heute eigentlich nur noch auf Mykonos, zu sehen sind.

Adresse Muzeul Civilizației Populare Tradiționale Astra, Strada Pădurea Dumbrava 16, Sibiu 550399 | Anfahrt Das Freilichtmuseum befindet sich drei Kilometer südlich von Sibiu und ist mit den Buslinien 13 und 23 zu erreichen, Haltestelle Muzeul Astra. | Öffnungszeiten täglich 9–17 Uhr | Tipp Neben dem Freilichtmuseum befindet sich der Zoologische Garten. Auf 15 Hektar beherbergt er 35 Arten mit insgesamt 135 Tieren. Am Eingang steht eine über 400 Jahre alte Eiche.

110 Der Zunderschwamm-schnitzer

Die Kunst, Pilze in Handtaschen zu verwandeln

Zwei Drittel des lang gestreckten Dörfchens Corund (ungarisch Korond) bestehen aus Verkaufsständen. Der typische Zwischenstopp für Touristen auf dem Weg ins Szeklerland bietet neben dem berühmtesten Produkt des Dorfs, der glasierten Keramik mit handgemalten Motiven, viel Nippes und Schnickschnack. Leider ist eine der kostbarsten Künste aber mittlerweile zur Seltenheit geworden.

Vor 30 Jahren gab es im Dorf noch mehr als 50 Männer, die sich auf das harte, aber altehrwürdige Handwerk der Zunderschwammkunst verstanden. Heute zählt man gerade noch drei Pilzkünstler im Ort, und Béla Máté ist einer von ihnen. Stolz präsentiert er in seiner Werkstatt mit seinen ballenbraunen Händen ein kiloschweres Exemplar eines Zunderschwamms, ein erdig riechender Pilz, der halbkreisförmig an den Stämmen von Buchen wuchert.

»Nicht ohne Gründe hat Gott dafür gesorgt«, so Béla Máté, »dass dieser Pilz nicht gleich auf Augenhöhe wächst.« Nur die geschicktesten und fleißigsten Zundersammler konnten früher von dieser Kunst leben. Mit 15 Jahren wanderte Béla über zwei Wochen durchs Land, legte 250 Kilometer zurück, um die bis zu 20 Kilogramm schweren Pilzknollen abzuernten. Sanft müsse man die weit oben wachsenden Zunderschwämme vom Stamm lösen und wie ein rohes Ei in die geschulterte Tasche legen. So manchen Kampf mit Bären habe er austragen müssen und viele Verletzungen davongetragen. Glücklicherweise habe der Zunder als Heilpilz eine antiseptische Wirkung, was besonders bei den berufsbedingten Schnittwunden sehr hilfreich sei.

Die aus dem getrockneten und gedehnten Pilz hergestellten Handtaschen und Hüte erinnern in ihrem Aussehen an Produkte aus Hirschleder. Die Abfälle des gut brennbaren Zunderschwamms werden bis zum heutigen Tag von Imkern für die Rauchbildung in Bienenstöcken verwendet.

Adresse Das Dorf Corund liegt auf halbem Weg zwischen Sovata und Odorheiu Secuiesc. Werkstatt von Béla Máté: Mátékutca 9, Corund 537060, Tel. +40/740678817 | Tipp An den Marktständen in Corund einfach nach Táplo fragen, so heißt Zunderschwamm auf Ungarisch. Aber die Händlerinnen haben auch wunderbare Töpferwaren und Marmeladen aus Waldfrüchten im Angebot.

111__Der Zwillings-Mammutbaum

Ein doppelter Gigant im Apuseni-Gebirge

Am Fuße des Vlădeasa-Massivs findet man im Nationalpark des Apuseni-Gebirges eine Vielzahl bemerkenswerter Sehenswürdigkeiten. Der Răchițele beispielsweise, ein Wasserfall, der aussieht wie ein Brautschleier, oder die imposante Vârfurașu-Höhle. Relativ unbekannt, weil etwas schwerer zu erreichen, sind zwei nur 80 Kilometer von Cluj-Napoca entfernte Baumriesen, die im Gedenken an den Cherokee-Indianer-Führer Sequoyah ihren Namen erhielten.

Von Weitem suggeriert der harmonische Wuchs ihrer Äste, man hätte es nur mit einem einzigen Baum zu tun. Doch nähert man sich dem Prachtexemplar, bemerkt man bald, dass man einen Zwillingsbaum vor sich hat. Bei dem imposanten Gewächs handelt es sich um eine Art, die eigentlich in den Wäldern der kalifornischen Sierra Nevada zu Hause ist. In den USA und Kanada wächst der Riesenmammutbaum in Höhen von über 2.000 Metern. Das Exemplar, das in Transsilvanien nahe dem kleinen Dorf Săcuieu auf einer Hochebene zu besichtigen ist, wurde von einem Gutsbesitzer namens Silvestru Gal vor über hundert Jahren gepflanzt. Er hatte von einer Amerikareise einige interessante Samen mitgebracht, die er in der Nähe seines Sommersitzes anpflanzte.

Mammutbäume können bis zu 5.000 Jahre alt werden, eine Höhe von 145 Metern und einen Umfang von 38 Metern erreichen. Gut, dass der transsilvanische Vertreter durch einen Zaun geschützt ist. Immer wieder versuchen Menschen zu prüfen, ob es tatsächlich vier Erwachsene braucht, um einen der Stämme zu umfassen. Die Umzäunung behindert die Vermehrung des Mammutbaums übrigens in keinster Weise. Als ausgewachsener Baum kann der *Sequoiadendron giganteum* bis zu 11.000 Zapfen tragen, und aufgrund seiner beeindruckenden Höhe können die Samen vom Wind bis zu 200 Meter weit getragen werden.

Anfahrt Der Sequoia-Mammutbaum befindet sich am Fuße des Vlădeasa-Massivs im Apuseni-Gebirge. Über Cluj-Napoca, Huedin, Bologa passiert man das Dorf Săcuieu. Gleich nach dem Ortseingang von Rogojel (407496) führt ein sehr steiler und schmaler Waldweg rechts zum Mammutbaum. | Tipp Ebenfalls im Apuseni-Gebirge, in den Bănișorului-Hügeln, befindet sich die Gedenkstätte für Avram Iancu, den Revolutionsführer von 1848.

1
Jibou
Zalău
Bălan
Racâș
Hida
Dej
Uriu
Beclean
Gherla
Ciucea
Almașu
Borșa
Bonțida
Huedin
Șaula
CLUJ-NAPOCA
Gilău
Florești
Beliș
Sărmașu
Frata
Șaulia
A3
Turda
Luduș
Iernut
Baia de Arieș
Ocna Mureș
Câmpeni
Abrud
Aiud
Târnăveni
Teiuș
Blaj
A10
Brad
Zlatna
Copșa Mică
Alba Iulia
Sebeș
Geoagiu
A1
Miercurea Sibiului
Simeria
Orăștie
Cugir
Săliște
Hunedoara
Călan
Sibiu
Cisnădie
Tălmaciu
Hațeg

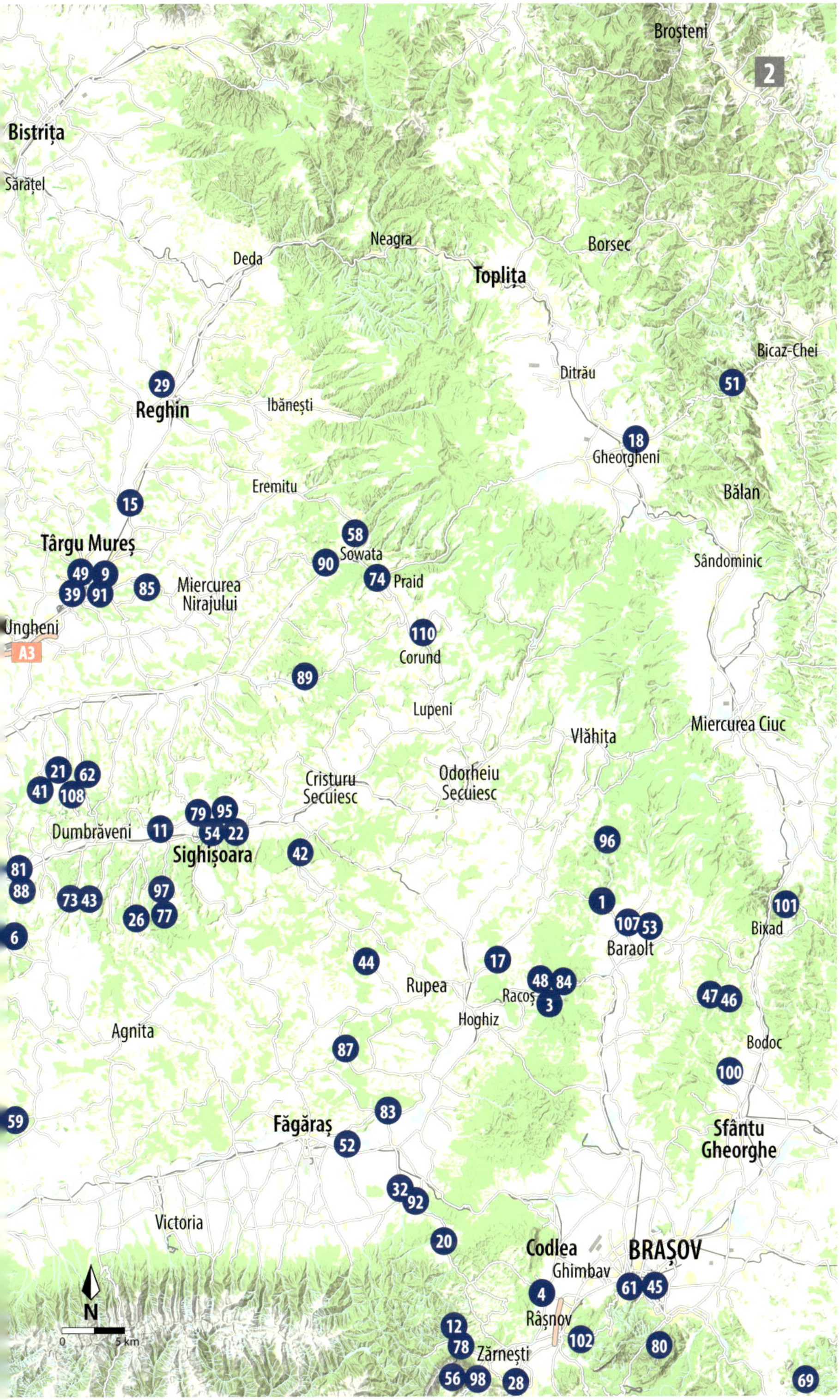
2
Broșteni
Bistrița
Sărățel
Neagra
Borsec
Deda
Toplița
Bicaz-Chei
Ditrău
51
29
Reghin
Ibănești
18
Gheorgheni
Bălan
Eremitu
15
58
Sovata
Târgu Mureș
Sândominic
90
49
9
74
Praid
85
Miercurea Nirajului
39
91
Ungheni
A3
110
Corund
89
Lupeni
Miercurea Ciuc
Vlăhița
21
62
Cristuru Secuiesc
Odorheiu Secuiesc
41
108
79
95
Dumbrăveni
11
54
22
96
Sighișoara
42
81
88
97
1
101
73
43
107
53
Bixad
26
77
Baraolt
6
44
17
48
84
Rupea
Racoș
47
46
3
Hoghiz
Agnita
Bodoc
87
100
83
59
Făgăraș
Sfântu Gheorghe
52
32
92
Victoria
20
Codlea
BRAȘOV
Ghimbav
61
45
4
N
Râșnov
12
0
5 km
102
80
78
Zărnești
56
98
28
69

Dorothee Fleischmann,
Carolina Kalvelage
111 Orte in Budapest, die man gesehen haben muss
ISBN 978-3-7408-0877-8

Bernadette Németh
111 Orte rund um den Neusiedler See, die man gesehen haben muss
ISBN 978-3-7408-2157-9

Julia Csabai
111 Orte in Sofia, die man gesehen haben muss
ISBN 978-3-7408-0862-4

Ranka Keser
111 Orte in Kroatien, die man gesehen haben muss
ISBN 978-3-7408-0557-9

Jörg Dauscher
111 Orte in Danzig, die man gesehen haben muss
ISBN 978-3-7408-1572-1

Jeroen Kuiper
111 Orte in Warschau, die man gesehen haben muss
ISBN 978-3-7408-0978-2

Lena Schraml
111 Orte in Krakau, die man gesehen haben muss
ISBN 978-3-7408-1087-0

Thomas Samhaber,
Brigitte Temper-Samhaber
111 Orte in Südböhmen, die man gesehen haben muss
ISBN 978-3-7408-1742-8

Veronika Wengert
111 Orte in Slowenien, die man gesehen haben muss
ISBN 978-3-7408-1083-2

Andreas Drouve
111 Orte im Baskenland, die man gesehen haben muss
ISBN 978-3-7408-2023-7

Daria Rizzello
111 Orte in Apulien, die man gesehen haben muss
ISBN 978-3-7408-1860-9

Jörg Dauscher
111 Orte in Bozen, die man gesehen haben muss
ISBN 978-3-7408-1897-5

Gisela Hopfmüller, Franz Hlavac
111 Genüsse in Friaul und Julisch Venetien, die man probiert haben muss
ISBN 978-3-7408-2022-0

Eileen Stiller
111 Orte auf Sizilien, die man gesehen haben muss
ISBN 978-3-7408-1424-3

Rüdiger Liedtke
111 Orte auf Mallorca, die man gesehen haben muss
ISBN 978-3-7408-2239-2

Catrin Ponciano
111 Orte in Porto, die man gesehen haben muss
ISBN 978-3-7408-1978-1

Insa Hohmann,
Katharina Hohmann,
Fritz von Klinggräff
111 Orte am Lago Maggiore, die man gesehen haben muss
ISBN 978-3-7408-2118-0

Giulia Castelli Gattinara
111 Orte in den Dolomiten, die man gesehen haben muss
ISBN 978-3-7408-1972-9

Christoph Schrahe, Jimmy Petterson, Patrick Thorne
111 Skipisten in Europa, die man gefahren sein muss
ISBN 978-3-7408-1518-9

Sabine Kiesewein, Carl Lang
111 Orte auf Fuerteventura, die man gesehen haben muss
ISBN 978-3-7408-1973-6

Gianni Montieri, Anna Toscano
111 Orte in Venedig, die man gesehen haben muss
ISBN 978-3-7408-1986-6

Ralf Nestmeyer
111 Orte an der Côte d'Azur, die man gesehen haben muss
ISBN 978-3-7408-2020-6

Kay Walter
111 Orte in Brügge, die man gesehen haben muss
ISBN 978-3-7408-1712-1

Federico Meloni, Jana Meloni
111 Orte auf Sardinien, die man gesehen haben muss
ISBN 978-3-7408-1997-2

Martin Roos
111 Orte in Zeeland, die man gesehen haben muss
ISBN 978-3-7408-1602-5

Ulrich Kohlmann
111 Weinorte in der Toskana, die man gesehen haben muss
ISBN 978-3-7408-1741-1

Sabine M. Gruber
111 Sisi-Orte in Europa, die man gesehen haben muss
ISBN 978-3-7408-1400-7

Rudolf Jagusch,
Susanne Jagusch
111 Orte im Erzgebirge, die man gesehen haben muss
ISBN 978-3-7408-1406-9

Catrin Ponciano
111 Orte an der Algarve, die man gesehen haben muss
ISBN 978-3-7408-1837-1

Marcus X. Schmid
111 Orte in der Bretagne, die man gesehen haben muss
ISBN 978-3-7408-1880-7

Beate C. Kirchner
111 Orte in Florenz und im Norden der Toskana, die man gesehen haben muss
ISBN 978-3-7408-1630-8

Annett Klingner
111 Orte in Rom, die man gesehen haben muss
ISBN 978-3-7408-1628-5

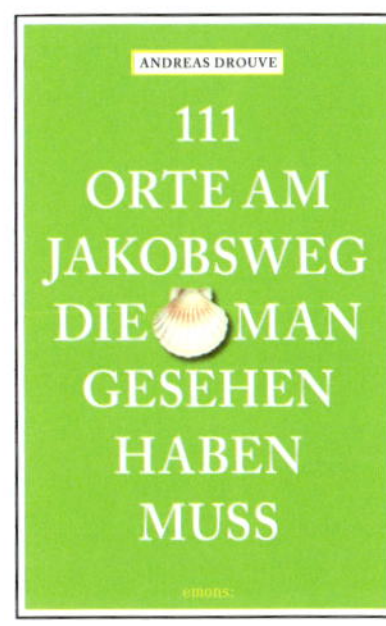

Andreas Drouve
111 Orte am Jakobsweg, die man gesehen haben muss
ISBN 978-3-7408-1092-4

Marcus X. Schmid
111 Orte im Herzen des Jura, die man gesehen haben muss
ISBN 978-3-7408-1364-2

Gabriele Haefs
111 Orte in Oslo, die man gesehen haben muss
ISBN 978-3-7408-1088-7

Rolando Grumt Suárez
111 Orte in Barcelona, die man gesehen haben muss
ISBN 978-3-7408-0994-2

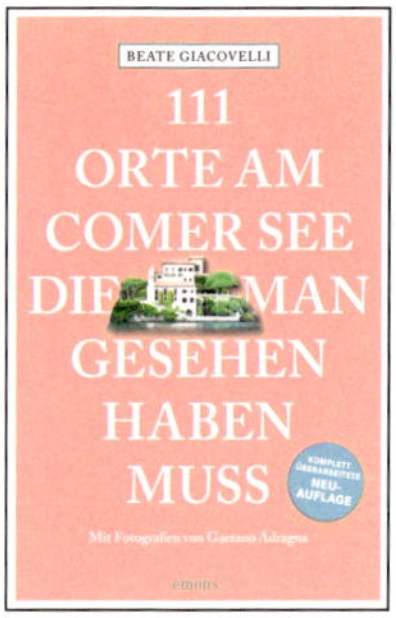

Beate Giacovelli
111 Orte am Comer See, die man gesehen haben muss
ISBN 978-3-7408-1201-0

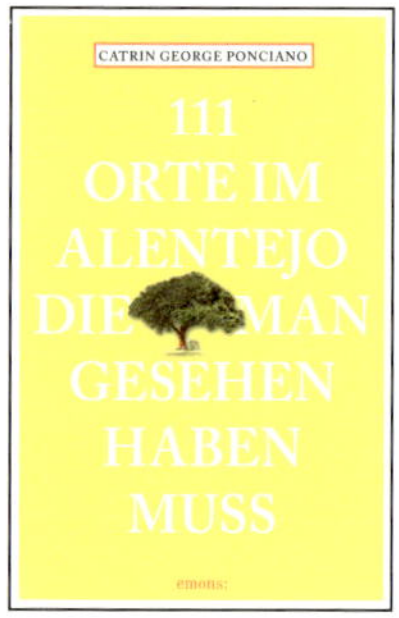

Catrin Ponciano
111 Orte im Alentejo, die man gesehen haben muss
ISBN 978-3-7408-1067-2

Kay Walter
111 Orte am Canal du Midi, die man gesehen haben muss
ISBN 978-3-7408-1086-3

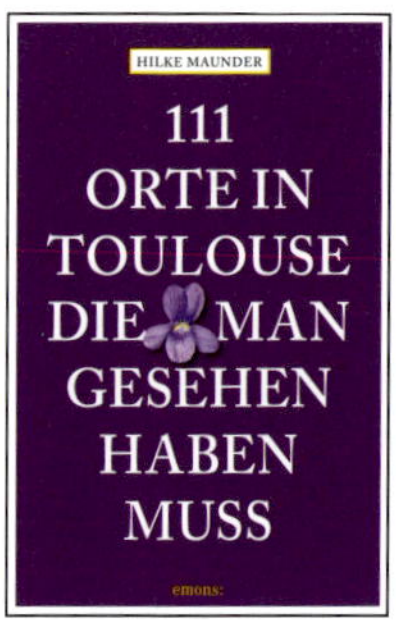

Hilke Maunder
111 Orte in Toulouse, die man gesehen haben muss
ISBN 978-3-7408-1091-7

Maria Tsoukis
111 Orte auf Korfu, die man gesehen haben muss
ISBN 978-3-7408-1065-8

Martin Roos,
Jean-Claude Bourgueil
111 Orte in der Champagne, die man gesehen haben muss
ISBN 978-3-7408-1084-9

Patricia Szilagyi
111 extreme Orte in Europa, die man gesehen haben muss
ISBN 978-3-7408-0863-1

Alexia Amvrazi,
Diana Farr Louis, Diane Shugart
111 Orte in Athen, die man gesehen haben muss
ISBN 978-3-7408-0560-9

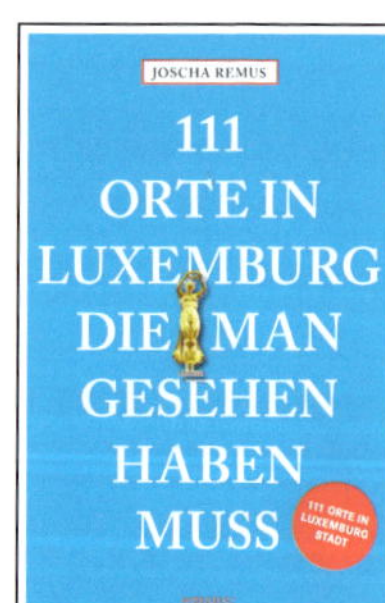

Joscha Remus
111 Orte in Luxemburg, die man gesehen haben muss
ISBN 978-3-7408-0363-6

Fotonachweis

S. 11, 13, 15, 17, 19, 25, 27, 29, 31, 35, 41, 43, 45, 47, 51, 59, 61, 63, 67, 69, 71, 73, 75, 77, 79, 81, 83, 85, 87, 90, 92, 97, 99, 105 u., 107, 113, 115, 117, 123, 125, 135, 139, 141, 142, 149, 155 u., 157, 163, 169, 171, 173, 175, 177, 179, 185, 187, 189, 191, 193, 195, 197, 199, 202, 207, 215, 217, 219, 221, 223, 227, 229: © Joscha Remus; S. 21: © Sharon Schuster-Thiollier; S. 23: © Diana Iabrasu; S. 49: © Equus Silvana; S. 57: © Crinela Onetiu; S. 97: © o. Adrian Arsu, u. Sabine Reither; S. 101: © Kálnoky; S. 103: © Claudiu Guraliuc; S. 119: o. © Uwe Seidner; S. 131: Fotograf: Árpád Udvardi © Evangelische Kirche A. B. Kronstadt, Schwarze Kirche; S. 133: © Valea Verde; S. 137: © Muzeul National Brukenthal/Muzeul de Farmacie; S. 145: © Raven‘s Nest; S. 180: © Ciprian Cenan; S. 182: © Cobor Biodiversity Farm. Fotografen: o. George Soare, u. Magda Munteanu; S. 205: o. © Uwe Seidner; S. 209: © Kálnoky; S. 213: © Ioana Gridan; S. 225: © Valea Verde

S. 33: o. Viliam Mucha, u. Bienchen; S. 37: office.fredditomoon; S. 39: o. ciumari63, u. scaliger; S. 53: wujekspeed; S. 55: viktoriya89; S. 65: o. emicristea, u. Mirek1967; S. 89: Ivankmit; S. 105 o.: bereta; S. 109: salajean; S. 111 o.: fsamora, u. Botond; S. 119 u.: boerescul; S. 121: emilymwilson; S. 127: janoka82; S. 129: IanRedding; S. 141: wirestock_creators; S. 147 o.: brszattila, u. Ivankmit; S. 151: salajean; S. 153: Xalanx; S. 155 o.: Pilat666; S. 159: Balate Dorin; S. 161: outchill; S. 165: bereta; S. 167: fotokon; S. 201: bereta; S. 205 u.: janoka82; S. 211 o.: janoka82, u. calinstan; S. 231: slajean. Alle diese Fotos © Depositphotos

Joscha Remus' familiäre Wurzeln sind väterlicherseits am Karpatenbogen zu finden. Er bereist Transsilvanien und Südosteuropa seit über 40 Jahren regelmäßig und ist Autor des Buches »111 Orte in Luxemburg, die man gesehen haben muss«. Wenn nicht auf Reisen, lebt der Autor, Journalist und leidenschaftliche Fotograf in Berlin.